BRIGITTE MACRON

MAËLLE BRUN

BRIGITTE MACRON

L'AFFRANCHIE

ARCHIPOCHE

Un ouvrage proposé par Michel Taubmann

Notre catalogue est consultable à l'adresse suivante :
www.archipoche.com

Éditions Archipoche
34, rue des Bourdonnais
75 001 Paris

ISBN 978-2-37735-215-9

INTRODUCTION

« Brigitte, Brigitte, Brigitte ! » Nous sommes le 23 avril 2017, il est 22 h 15.

Dans le hall 5 du Parc des expositions, l'atmosphère est survoltée et la musique, « Closer » du groupe norvégien Lemaitre, résonne. Mais un prénom se détache : « Brigitte, Brigitte... » Sur scène, celle qui deviendra première dame dans deux semaines vient de faire son entrée. Elle avance, la mine un peu gênée, à la droite d'un Emmanuel Macron déjà victorieux. En ce soir de premier tour, la foule n'applaudit pas un candidat, mais bien un couple. Une équipe, même, qui s'est imposée au fil des nombreux déplacements, des couvertures de magazines et d'un *storytelling* rodé. Au micro, le futur président n'oublie d'ailleurs pas de remercier son épouse, « toujours présente et encore davantage ».

Cette fois, Brigitte Macron sait qu'elle risque de prendre bientôt ses quartiers dans l'aile

Madame du palais. Elle ne peut plus refuser de se projeter, comme elle s'obstinait à le faire. Elle ne doit plus continuer de prétendre que « Macron, c'est lui », et seulement lui. De toute façon, l'ultra-modestie ne sonne pas tout à fait juste : dans cette campagne, elle n'a jamais joué les figurantes. Elle a même tenu le haut de l'affiche. Qu'elle apparaisse enceinte en couverture de *Charlie Hebdo* ou façon éminence grise sur celle de *L'Express*, que l'on moque la longueur de ses jupes ou que son élégance soit louée, qu'on la qualifie de « bimbo » dans la presse anglaise ou de « future Michelle Obama » aux États-Unis : elle a été raillée autant que starifiée. Omniprésente dans les médias, comme auprès de son mari.

« Brigitte, viens me rejoindre », a si souvent lancé l'ex-ministre, pourtant peu enclin à partager les projecteurs. Mais avec elle, il ne rechigne pas. Ce serait d'ailleurs absurde : au-delà de l'amour qui les lie depuis vingt ans, elle sert sa candidature. Elle est rassurante là où on le craignait trop jeune, transgressive quand on le dit bon élève… Elle rassemble pour celui qui voulait abolir les clivages. Chaque fois qu'il l'a sollicitée, elle s'est donc exécutée. « Mon rôle ? Je suis son épouse, c'est tout simple », assenait-elle aux journalistes le 4 octobre 2016, en marge d'un meeting à Strasbourg. « Vous avez toujours l'air étonné que les épouses soient à côté de leurs maris. Il serait temps d'évoluer un peu, c'est notre place. » La définition semble néanmoins bien réductrice dans son cas.

Coach, répétitrice, maîtresse de l'agenda, messagère, chasseuse de têtes, *spin doctor*... Toutes ces attributions sont, à un moment ou à un autre, devenues siennes. Des couloirs de Bercy aux locaux d'En Marche !, elle a même été l'une des seules femmes d'influence de son entourage. Si Emmanuel Macron se dit féministe, sa garde rapprochée a toujours été majoritairement composée d'hommes : les stratèges Alexis Kohler et Ismaël Emelien, le porte-parole Benjamin Griveaux, le directeur de campagne Jean-Marie Girier, le communicant Sylvain Fort, les organisateurs Stéphane Séjourné, Cédric O ou Julien Denormandie... Mais Brigitte Macron n'a pas vraiment eu à jouer des coudes pour s'imposer dans cet entourage très masculin : le titre de « part non négociable » de son époux l'en dispense.

Cela ne signifie pas, loin de là, que tous l'aient accueillie avec joie en première ligne. Nul besoin d'attendre que *Valeurs actuelles* la qualifie en une, en juillet 2017, de redoutable « vice-présidente »... Dès le ministère de l'Économie, certains conseillers se sont chargés de déplorer son pouvoir. Et de la dépeindre comme une sorte de fille cachée de Cécilia Sarkozy et de Claire Underwood, véritable ordonnatrice de la mise en orbite de Jupiter. Faux, s'empressent de nous rétorquer d'une même voix les proches de Brigitte Macron ! Elle ne rêvait nullement d'un destin élyséen. Elle se contenterait même d'accompagner son mari, sans jamais le pousser.

Est-elle donc co-capitaine ou « petit soldat » ? La réalité se situe sûrement au milieu – au centre, devrions-nous dire. Son rôle demeure constant depuis vingt ans : inspirer et conseiller, comme elle le faisait sur les bancs du lycée La Providence et dans leur quartier chic d'Amiens. Avant qu'elle ne le mette en marche, Emmanuel Macron dit y avoir mené une « vie immobile ».

Ce n'était alors pas le cas de l'enseignante. Lorsqu'ils se rencontrent, au milieu des années 1990, elle est déjà nourrie de ses propres contradictions. Enfant solaire mais indisciplinée, adolescente fracturée derrière les sourires, épouse bourgeoise et indépendante, un rien potache entre deux citations de Leibniz... À chaque étape de son parcours apparaît le « en-même-temptisme » qui deviendra la marque de fabrique de son mari. Cela explique en partie que la première dame reste énigmatique, malgré sa surmédiatisation. Dans ce livre, nous nous sommes efforcés de lever le voile sur une femme aux multiples facettes, dont la vie romanesque est mue par une priorité : la quête permanente de la liberté. L'Élysée n'est pas forcément le lieu où la préserver. Elle a un quinquennat pour déjouer les pronostics.

Un vent de liberté

« Vous écrivez sur la petite Trogneux ? C'est une vraie star ici. » À Amiens, on est fier d'elle. Et si le Picard est réputé taiseux, évoquer la première dame anime les conversations. « Quel beau parcours, quand même ! », nous dit-on au bar-tabac Le Saint-Claude, dans la rue Gaulthier-de-Rumilly. Quelques mètres plus haut, au cœur du quartier cossu d'Henriville, se trouve la maison des Macron. Là où a grandi le président et où vit toujours son père. Mais ce jour-là comme souvent, beaucoup parlent surtout de Brigitte. Pas Mme Macron donc, ni même Mme Auzière, du nom de son premier mari, mais « la petite Trogneux ». Un patronyme qui en impose dans la région : Brigitte Macron n'a pas attendu d'être épouse de ministre pour y être connue de tous…

La chocolaterie Trogneux est en effet une institution. Six magasins dans les Hauts-de-France

– entre Amiens, Lille, Saint-Quentin et Arras –, cinquante-cinq salariés, plusieurs millions d'euros de chiffre d'affaires (3,8 en 2015, mais on parle de 6 pour 2016)… Et une saga qui s'affiche en toutes lettres sur la maison mère amiénoise. « Jean Trogneux, depuis cinq générations », peut-on lire sur la devanture du 1, rue Delambre, tout près de l'hôtel de ville. L'entreprise est actuellement dirigée par le neveu de la première dame, Jean-Alexandre, héritier d'une famille enracinée dans la région. « La lignée des Trogneux a son berceau dans le village de Vaulx, nous révèle le généalogiste Jean-Louis Beaucarnot. C'est une famille paysanne, qui devait être à l'origine relativement aisée et influente, puisque ses membres sont qualifiés de "fermiers propriétaires[1]". » Au XVIIIe siècle, sous Louis XV, leur statut social s'effondre néanmoins. « Viennent alors plusieurs générations de manouvriers, des manœuvres agricoles payés à la journée et menant des vies dures. En 1834, on enregistre en quinze jours les actes de décès d'André Trogneux, de sa femme et de leur fils de dix-neuf ans. Ils laissent orpheline une fille de dix ans, qui sera fileuse. Elle terminera sa vie comme cuisinière à Abbeville, après avoir donné le jour à un fils naturel, en 1852. » Ce garçon, c'est

1. Entretien avec l'auteur, le 10 octobre 2017.

l'arrière-grand-père de Brigitte Macron, Jean-Baptiste Trogneux, fondateur de la confiserie familiale en 1872.

Sa boutique, rue Duméril, propose d'abord soufflés et entremets, avant de relancer le produit qui fera sa renommée : le macaron. Rien à voir avec les créations de Pierre Hermé et de Ladurée… On parle ici d'une spécialité régionale à l'amande et au miel, rapportée par Catherine de Médicis d'un périple italien, et plus tard tombée dans l'oubli. Remettre la recette au goût du jour se révélera une bonne idée ! Le « macaron Trogneux » (on ne dit même plus « macaron d'Amiens ») pèse aujourd'hui encore plus lourd d'un point de vue économique que calorique : la famille de la première dame en vend plus de deux millions chaque année. Gage de qualité, il recueille même le suffrage d'un grand connaisseur de nos régions, l'Amiénois Jean-Pierre Pernaut, client de la maison… L'Élysée avait accueilli Yvonne de Gaulle « des biscuits Vendroux » ; il y règne maintenant Brigitte Macron « des macarons Trogneux ».

Une place à part

Après Jean-Baptiste – et avant Jean-Claude et Jean-Alexandre – il y aura Jean puis Jean, grand-père et père de la première dame… qui voit donc le jour le 13 avril 1953, au sein de cette dynastie amiénoise. Ses parents ? Ils étaient selon elle « indissociables ». Passant tout leur temps ensemble, rue Delambre. À la Libération, ils y ont fait renaître l'entreprise familiale, en partie détruite dans les bombardements de 1940. Et ils se partagent désormais entre la chocolaterie au rez-de-chaussée, où Simone Pujol aide son mari, et leur appartement au-dessus du magasin. Brigitte Marie-Claude Trogneux est la dernière de six enfants, séparée par vingt ans de son frère aîné. Cette position unique lui offre une éducation très différente de celle de ses frères et sœurs. Seule enfant de l'après-guerre, elle n'a connu aucune des privations subies par le reste de la fratrie. De cette période sombre, elle entendra sans doute surtout parler du fait d'armes de la famille, qui aurait refusé de servir des sucreries à Rommel pendant l'Occupation. Mais, pour le reste, ses premières années sont choyées.

La benjamine fait fondre Jean Trogneux, que l'on n'imaginait pas jusque-là en papa gâteau… Notable reconnu, pilier du Rotary local, il laisse à Amiens le souvenir d'un homme très respecté. Mais il va tout passer à cette petite fille qu'il a eue à quarante-quatre ans (sa femme en avait trente-neuf). Et il semble attendri par celle que ses camarades d'enfance décrivent comme très gaie, tout autant que dissipée. Elle a beau rapporter des punitions de l'école, et être parfois contrainte d'y laver les carreaux, il est indulgent. « Je pouvais tout faire, même ramener des mauvaises notes, mais [mes parents] étaient extrêmement stricts sur le respect que nous devions à l'autre[1] », se souvient-elle. Des rapports particuliers, qui ont marqué son cercle d'alors. Béatrice Leroux, amie de la première dame pendant sa scolarité, nous le raconte. « En tant que petite dernière d'une grande fratrie, avec un écart d'âge important avec ses aînés, elle jouissait d'une grande liberté. Cela se traduisait notamment dans le ton qu'elle employait avec son père. Elle lui parlait gentiment mais de façon très ouverte, allant parfois assez loin dans ce qu'elle disait. Il y avait entre eux une forme de camaraderie dont il ne prenait pas ombrage. Au contraire, il s'en amusait, et ne la remettait jamais à sa place. Il était évident qu'il avait beaucoup d'admiration pour elle[2]. » Un lien privilégié que Brigitte Macron invoque toujours, plus de deux décennies après la mort du patriarche. « Je pense à mon père dans les moments importants ou délicats, confiait-elle à

1. Entretien accordé à *Elle*, « Appelez-moi Brigitte », paru le 18 août 2017.
2. Entretien avec l'auteur, le 8 novembre 2017.

son ami Philippe Besson pendant la campagne présidentielle. On fait tous ça, non[1] ? »

Avec sa mère, le contact est plus doux. « Il y avait beaucoup de tendresse entre elles », poursuit Béatrice Leroux. Fille d'un marchand de vins originaire de l'Ariège, Jean-Pierre Pujol, Simone Trogneux affiche un tempérament assez réservé. Elle est pour Brigitte une mère attentive, lui laissant toutefois son indépendance. Dans la maison de la rue Delambre, le dernier étage est ainsi son domaine. Elle peut aussi se déplacer à sa guise : pour la féliciter d'avoir obtenu le brevet des collèges, ses parents lui ont offert un cyclomoteur, un Piaggio Ciao ! À la grande surprise de quelques copines qui ont eu, elles, un « bravo » pour seule récompense. « Ses parents étaient généreux avec elle, se souvient l'une d'elles. Pour une bonne note, elle avait un jour reçu toute une parure de bijoux en argent[2] ! » Brigitte étant bonne élève, spécialement en français et en latin, les cadeaux seront nombreux. Sa garde-robe fait d'ailleurs l'envie de ses amies, avec notamment une impressionnante collection de vestes shetland : elle en a commandé un modèle de chaque couleur dans une boutique à la mode du centre de la ville.

---

1. Raconté dans *Un personnage de roman*, de Philippe Besson, Julliard, 2017.
2. Entretien avec l'auteur, le 2 novembre 2017.

Le quotidien de la jeune fille est donc très agréable, entre la confortable routine amiénoise et les week-ends au Touquet. En 1950, les Trogneux ont acheté dans cette cité balnéaire du Pas-de-Calais une belle maison de ville, sur trois niveaux, la villa Monéjan (pour Simone et Jean). Si Emmanuel Macron, fils de deux médecins, aime à expliquer qu'il vient d'une classe moyenne embourgeoisée, il serait difficile de déclasser sa future épouse. Aucun doute : celle-ci est issue d'un milieu très favorisé et profite d'une jeunesse préservée. « Elle était sociable et farceuse, se souvient une amie d'enfance. Assez libre aussi[1]. » Elle le prouve d'ailleurs dès l'adolescence.

La messe est dite

Ses samedis soir ? Hors de question de les passer à la maison. Ses frères et sœurs, adultes, en sont partis de toute façon. Et la jeune fille ne compte pas se morfondre dans sa chambre, à rêver devant ses posters des Rolling Stones et de Clint Eastwood – elle dira un jour du président qu'il est « mieux que Clint Eastwood[2] », mais pour l'instant c'est le vrai (le moins bien,

1. Entretien avec l'auteur, le 19 août 2017.
2. Caroline Derrien, Candice Nedelec, *Les Macron*, Fayard, 2017.

donc) qui orne son mur. Chaque week-end, elle sort danser dans des boums où elle connaît ses premiers flirts. Côté look, c'est minijupe sur bloomer, indispensable pour les pirouettes du rock, bottes et nattes blondes. « Elle était déjà très coquette, mais pas dans le genre "fille de bonne famille amiénoise", nous décrit une connaissance de l'époque. Elle explorait la mode des sixties[1] ! » D'autant qu'en semaine son uniforme a de quoi lui mettre le blues. Jupe plissée, gilet et collant bleu marine, chemise et blouse bleu ciel. Sans oublier le calot marine à rayures rouges pour parfaire le style… Au Sacré-Cœur, on ne manque pas de tenue ! Comme toute jeune fille de la bourgeoisie locale, elle y a passé la majorité de sa scolarité, ne s'en éclipsant que le temps de la 4e et la 3e, à Sainte-Clotilde. Cet autre établissement privé catholique d'Amiens a alors fusionné avec le Sacré-Cœur.

Ses sœurs l'ont précédée dans ce parcours mais Brigitte est plus rebelle que ses aînées. « Je n'étais pas une jeune fille très sage. J'étais souvent collée pour impertinence », admettait-elle dans les colonnes de *Elle*, en août 2017. « Je ne baissais pas les yeux, jamais. Et l'on ne me faisait pas entrer dans le crâne une chose

1. Entretien avec l'auteur, le 1er octobre 2017.

à laquelle je ne croyais pas. J'ai eu très tôt un esprit critique. » Or dans ce grand établissement du centre-ville, fondé en 1801 par la mère de la Société du Sacré-Cœur de Jésus, Madeleine-Sophie Barat, la discipline est stricte. Les conditions d'apprentissage sont certes très confortables – dans de superbes bâtiments rue de l'Oratoire, ouverts sur un parc avec court de tennis. Et les valeurs prônées sont humanistes : le Sacré-Cœur n'est pas uniquement réservé à la grande bourgeoisie, et accueille gratuitement quelques élèves plus modestes. Mais la rigueur est de mise pour celles qui étudient ici. « J'ai passé ma scolarité à ignorer le dossier des chaises, confiera Brigitte Macron. Il fallait se tenir droite[1]. » Les bonnes sœurs qui dirigent l'établissement y veillent…

Certains laïcs ont intégré le corps professoral du Sacré-Cœur dans les années 1960, mais l'essentiel des cours est encore assuré par des religieuses. Une mère supérieure, que l'on nous dépeint comme charismatique bien que peu chaleureuse, est à la tête de l'école. Au programme, deux séances de confession hebdomadaires, mais surtout une messe quotidienne. Chaque matin, le rituel est immuable : les jeunes filles se retrouvent devant l'immense

1. « Son rôle secret dans la campagne », *L'Express*, le 1er mars 2017.

chapelle de l'école – qui a depuis été transformée en gymnase ! Au premier signal, on se met en rang ; au second, on entre à l'office, la tête recouverte d'un voile gris. Les sœurs sont déjà à leur place, agenouillées. Une éducation que la première dame qualifie de « serrée », et qui l'a oppressée. Elle n'en a bien sûr pas été traumatisée, elle qui a fait ensuite toute sa carrière de prof dans des structures privées et religieuses. Mais elle indique tout de même en porter certains stigmates : « J'ai été élevée dans la religion, donc dans la peur, confesse-t-elle. La peur m'est restée[1]. » Ainsi, pas de période mystique, comme Emmanuel Macron dit en avoir vécu. Né de parents agnostiques, il avait insisté pour être baptisé à l'âge de douze ans. Brigitte, elle, n'a que peu embrassé la pratique catholique de ses parents, habitués de la messe du dimanche.

Les Macron n'ont de toute façon absolument pas traversé la même adolescence. La fièvre du samedi soir du futur président ? Elle était alors littéraire. Il se montrait sociable, insistent aujourd'hui ses camarades de l'école de La Providence… Mais jamais aussi heureux qu'avec ses bouquins comme principaux compagnons et sa grand-mère « Manette » (dont il a aussi fait sa

1. Philippe Besson, *op. cit.*

marraine) pour confidente. Brigitte Trogneux est beaucoup plus liante. Plusieurs amies du Sacré-Cœur évoquent ainsi « la bande à Brigitte », qui s'était formée autour d'elle. « C'est vrai qu'elle attirait et nous fédérait, confirme une proche. Il faut dire qu'elle était dynamique, toujours prête à organiser des sorties[1]. »

Vivre pour le meilleur

À partir de 1967, toute cette troupe se retrouve notamment chaque semaine à la patinoire d'Amiens, qui vient d'ouvrir ses portes. Pendant trois ans, Brigitte et ses amies vont porter les couleurs – et la jupette rouge – de l'équipe de patinage artistique de la ville. Après le départ de leur professeur vers un autre club, elles ne poursuivront pourtant pas l'expérience, leur niveau ne leur ouvrant pas des perspectives nationales... Populaire, la jeune fille fait aussi profiter son petit groupe de la liberté qui lui est accordée. Les lettres d'amour que ses copines ne peuvent se faire adresser à domicile, parce qu'elles ont des parents stricts ou qu'elles sont pensionnaires, elles les font envoyer chez les Trogneux. Brigitte jouera les facteurs, distribuant en classe

1. Entretien avec l'auteur, le 21 octobre 2017.

les missives qu'elle a réceptionnées. À en croire les témoignages recueillis, elle n'a alors pas de petit ami très sérieux, mais elle s'impose quand même comme avisée en la matière. « Elle donnait beaucoup de conseils amoureux, sourit Béatrice Leroux. Elle bénéficiait sans doute de l'expérience de ses sœurs[1]. » Dans un monde sans blogueuses beauté, elle apprend aussi à ses amies à se maquiller, comme celles-ci s'en amusent aujourd'hui. « Elle était bonne camarade, souligne l'une d'elles. Et elle gardait le sourire en toutes circonstances[2]. » Pourtant, derrière la joie de vivre, elle n'apprécie guère cette période. Alourdie par ce qu'elle décrit comme une fêlure. « J'ai été très gâtée. Affectivement, socialement, j'avais tout, je ne pouvais me plaindre de rien et, pourtant, j'ai été une adolescente en souffrance[3]. » Cette lectrice de Baudelaire et des *Fleurs du Mal* explique voir à cette époque « la mort partout ».

Il faut dire que, dans ses jeunes années, elle l'a côtoyée de beaucoup trop près. En 1961, elle est âgée de huit ans lorsque sa sœur aînée, enceinte, se tue avec son mari dans un accident de voiture. Un an plus tard seulement, c'est sa nièce de six ans qui décède d'une appendicite

1. Entretien avec l'auteur, le 8 novembre 2017.
2. Entretien avec l'auteur, le 12 novembre 2017.
3. Portrait paru dans *VSD*, le 9 septembre 2016.

aiguë. Des deuils qui terrassent évidemment les siens. Sa grand-mère, qui vit avec les Trogneux, ne cessera par exemple de demander pourquoi elle n'est pas plutôt partie, elle. Brigitte jouera plus que jamais le rôle de « rayon de soleil de sa famille », comme nous l'explique une camarade d'école. Et elle ne parlera que très peu, même à ses amies intimes, des drames de l'enfance, préférant les diluer dans le tourbillon de son adolescence. « Quelle que soit la manière, tout est bon pour vivre », selon ses propres mots dans les pages de *Elle*.

Pendant ses années de lycée, où elle entre en 1969, toujours au Sacré-Cœur, elle n'hésite en conséquence pas à profiter du souffle de liberté de l'époque. Elle en a eu un avant-goût en Mai 68, qu'elle a passé en bande, avec ses amies. « C'était très gai, se souvient Béatrice Leroux. Tous les établissements scolaires étant fermés, on se réunissait dans les jardins des unes et des autres, chez mes parents notamment. Entre nous, on ne parlait pas vraiment de politique mais plutôt de l'évolution de la société, de la place des femmes, etc.[1] » Des transformations qui sont perceptibles jusque dans l'enceinte du Sacré-Cœur : à la rentrée, l'enseignement religieux est assoupli, un système de notation par

1. Entretien avec l'auteur, le 8 novembre 2017.

lettres est adopté… Mais, bien plus important, l'uniforme est abandonné ! Une vraie révolution pour les élèves, qui enfilent chaque matin à l'école les robes courtes qu'elles n'ont pas le droit de porter chez elles. Brigitte, elle, n'a nul besoin de se changer au lycée : pour ses tenues comme pour le reste, ses parents la laissent libre. Dernier bouleversement, la mixité et l'arrivée de quelques (rares) garçons dans l'établissement. En terminale, la classe de Brigitte Trogneux en compte deux, que la lycéenne ne va pas ménager. « Lors d'un cours de gym, elle avait caché leurs vêtements, reprend Béatrice Leroux. Ils étaient arrivés au cours suivant très en retard, en tenue de sport et l'air un peu hagard. Elle les a alors fait mariner, avant de leur rendre leurs habits à la fin de l'après-midi. Elle était drôle et très rieuse. »

Au printemps 1972, elle se concentre néanmoins sur la perspective de son bac littéraire – elle a choisi une section A. Direction Le Touquet, pour potasser avec quelques amies. Les révisions seront sérieuses et productives : elle décroche l'examen avec mention très bien. Chez les Trogneux, où peu ont fait des études, l'heure est à la fierté. Cependant, pour Brigitte, il devient surtout urgent d'oublier sa mélancolie dans une nouvelle vie. De réparer un peu ces failles qu'elle ne verbalise alors pas.

« Derrière l'entrain décidé, il y a un continent sensible auquel seuls les fragiles ont accès et où ils peuvent se retrouver[1] », écrit d'elle Emmanuel Macron. Mais pour l'heure, c'est auprès d'un autre qu'elle va bientôt conjuguer cette dualité.

1. Dans *Révolution*, XO éditions, 2016.

NOTRE BELLE FAMILLE

C'est le roman qu'elle a peut-être préféré… Celui que ses élèves se devaient d'aimer. *Madame Bovary*, voilà une lecture qui a marqué Brigitte Macron. Partage-t-elle certains traits de l'héroïne flaubertienne ? Sans aucun doute, elle l'admet elle-même. En ce début des années 1970, elle recherche à l'évidence comme Emma Rouault « l'anxiété d'un état nouveau », voire une « passion merveilleuse » pour l'emmener loin des carcans qui sont alors les siens. Faire partie de la famille Trogneux ne va en effet pas sans pression. À cette époque, son clan est plus que jamais incontournable dans la bourgeoisie amiénoise. En 1971, son père a créé le CROS (Comité régional olympique et sportif) de Picardie, qu'il préside. Il dirige également la Ligue picarde de tennis. Et plus généralement, il est une figure influente, dont le commerce ne cesse de prospérer. Un business dans lequel aurait pu s'impliquer Brigitte, une fois son bac en poche. Certes, elle ne s'appelle pas Jean, et n'entre pas dans cette tradition « de père en fils » annoncée par une pancarte chez Trogneux. Mais son frère Jean-Claude, qui a pris la tête de l'affaire, lui aurait fait une place. Sauf qu'elle redoute cette existence. Être administratrice de la société familiale – une fonction qu'elle gardera jusqu'en 2007 – lui suffit amplement. En 1972, la jeune femme préfère entamer des études, contrairement à ses aînés. Elle opte pour une filière littéraire, qui va la passionner. Maupassant, Hugo, Rimbaud, Apollinaire... Elle approfondit ces auteurs dont elle explique désormais qu'ils l'ont construite. Une thématique va cependant particulièrement l'intéresser : l'amour courtois, sujet auquel elle décidera de consacrer son mémoire de maîtrise.

Un questionnement sentimental qui commence aussi à l'occuper dans sa vie personnelle. Et si les garçons ne sont pas très nombreux dans son amphithéâtre, elle a l'embarras du choix parmi les fils des grandes familles locales. Sa sœur aînée, Annie, a par exemple épousé Gérard Boulogne, propriétaire d'une importante entreprise de sanitaire, chauffage et climatisation. Monique, onze ans de plus que Brigitte, a, elle, choisi Jean-Claude Gueudet, héritier de l'un des plus gros distributeurs automobiles de France. Dans son entourage, on s'attend donc à la voir suivre ce schéma. Elle a du succès et côtoie depuis toujours les beaux partis de la ville : ce sont les frères et les cousins de ses copines du Sacré-Cœur. Mais elle rêve d'autres horizons que ceux de la bourgeoisie du cru. Et elle a envie de voir plus loin qu'Amiens, cette « ville de province qui entretient un double complexe, vis-à-vis de Paris et de Lille, comme la décrit un autre enfant du pays, Laurent Delahousse. Une ville dans laquclle on n'a pas de raison de s'arrêter et qui, c'est tout un symbole, n'a pas eu le TGV[1]... »

Les jeunes mariés

C'est au Touquet que Brigitte va rencontrer André-Louis Auzière. Le dépaysement n'est pas extravagant. Mais le jeune homme, de deux ans son aîné, possède des atouts certains. À commencer par une petite aura de mystère. Fils d'un haut fonctionnaire, il est né à Eseka, au Cameroun. Et après avoir fait ses études à Paris, il vient d'entamer à Lille un cursus dans la banque. Ce qui équivaut, pour l'étudiante en lettres, à une légère émancipation sans rupture avec son milieu... Une façon de rentrer dans

1. *Le Figaro*, « Une adolescence à La Providence », paru le 31 mai 2017.

le rang sans s'en rendre compte. N'en jetez plus : le 22 juin 1974, à vingt et un ans tout juste, Mlle Trogneux devient Mme Auzière, à la mairie du Touquet.

Les choses se sont faites rapidement, à la grande surprise de certaines de ses amies. Mais elle a une bonne raison de vouloir se marier : son très fort désir de maternité. Tous deux ne tardent d'ailleurs pas à fonder une famille. Un an après leur union naît un fils, Sébastien. Puis ce sera Laurence, en avril 1977, et enfin Tiphaine, en janvier 1984, pour leurs noces d'étain. Brigitte sera une mère très présente, « main de fer dans un gant de velours », telle que la première dame est parfois résumée. « Avec ses petits, elle était gentille mais ferme, se remémore une amie. Elle faisait preuve d'autorité. Son mari s'en occupait bien également mais il était pris par sa carrière. Et, comme les hommes de l'époque, il n'était pas aussi disponible que sa femme ! Elle était donc très investie dans leur éducation. Avec beaucoup de bienveillance, tout en les grondant souvent[1]. » C'est cette « détermination aimante » que souligne Emmanuel Macron lui-même dans *Révolution*. « Elle a accompagné chacun de ses enfants, écrit-il. Toujours présente mais avec une idée

1. Entretien avec l'auteur, le 29 juillet 2017.

ferme de ce qu'elle attendait d'eux. Il n'est pas une journée sans que Sébastien, Laurence et Tiphaine ne l'appellent, la voient, la consultent. Elle est leur boussole. »

À trente ans, Brigitte Auzière a donc construit le foyer qu'elle imaginait, entourée de ses trois enfants. Et, avec André-Louis, elle forme un couple uni… Bien que peu assorti, selon les amis d'alors que nous avons interrogés. Il est aussi réservé qu'elle est extravertie, elle se montre passionnée quand il s'affirme raisonnable. « Il était plus en retrait, un peu effacé par rapport à elle, reprend leur amie. Gentil, mais pas extrêmement causant[1]. » Ce qui ne les empêche pas d'avoir une vie sociale remplie : Brigitte se charge de l'orchestrer pour eux dans la région lilloise, où ils sont installés. Son mari y poursuit en effet une belle carrière. « C'était une fille adorable et très bien élevée, qui aimait recevoir, raconte Marianne Reynaud, alors proche des Auzière. Le réveillon 1978, chez elle, est encore dans les têtes de toute notre bande de copains. Elle avait déjà cette blondeur solaire et j'ai le souvenir qu'elle fredonnait tout le temps. C'était une confidente, tout sauf une ragoteuse ou une faiseuse d'histoires[2]. »

---

1. *Ibid.*
2. Citée dans un article de *Elle*, « Brigitte Macron, la bienveillante », paru le 12 mai 2017.

Un sens du contact qu'elle met bientôt à profit. En 1982, elle se fait embaucher à la chambre de commerce du Nord-Pas-de-Calais, où elle devient attachée de presse. L'expérience, qui dure deux ans, semble lui plaire, sans pour autant devenir une vocation. Mais au milieu des années 1980, elle nourrit de toute façon d'autres projets : André-Louis vient d'être nommé directeur de la Banque française du commerce extérieur à Strasbourg. Un très beau poste qui ne se refuse pas, à moins de trente-cinq ans ! Toute la famille se prépare donc à mettre le cap sur l'Est. Brigitte ne se doute pas qu'en Alsace elle s'apprête à faire deux découvertes qui charpenteront sa vie : l'enseignement tout d'abord, mais aussi la politique.

En Marche ! avant l'heure

« S'il y en a un des deux qui influence l'autre, c'est lui. C'est lui qui m'amène à la politique. » La première dame l'affirme : elle n'est nullement à l'origine des ambitions présidentielles d'Emmanuel Macron. « Je dis ce que je pense, mais il fait ce qu'il veut. C'est une vie choisie, par lui[1]. » Et celle qui assure se contenter d'accompagner son époux, sans jamais le pousser, aurait, selon ses proches, préféré se tenir à distance de la chose publique… Loin, très loin de la fièvre électorale et des mesquineries de campagne. Délaisser ses bouquins pour arracher le pouvoir ? Elle n'y aurait donc consenti que par amour pour ce mari qu'elle imaginait écrivain plus que politicien. À ceci près qu'elle s'était frottée aux urnes avant 2017 ! Il y a longtemps, elle avait en effet déjà tenté de recueillir tous

1. Dans Nicolas Prissette, *Emmanuel Macron, en marche vers l'Élysée*, Plon, 2016.

les suffrages. Comme une petite répétition de sa conquête élyséenne.

Un terrain favorable

Nous sommes en 1984, en Alsace. À vingt et un kilomètres de Strasbourg, la vie s'écoule, paisible, à Truchtersheim. Truch', pour faire local, c'est aujourd'hui le « Petit Monaco » de la région. Population : 4 000 personnes environ, dont une large proportion vit dans de très confortables maisons et s'acquitte de l'ISF. Mais, à l'époque, l'atmosphère n'était pas tout à fait la même, comme nous l'explique le maire, Justin Vogel. « De nombreuses familles privilégiées sont arrivées ces derniers temps et nous avons intégré les communes de Behlenheim et Pfettisheim. Mais, dans les années 1980, ce n'était pas encore le cas. Nous n'étions qu'environ mille cinq cents habitants[1]. » Parmi eux, cinq nouveaux venus, les Auzière. André-Louis a pris ses fonctions à la Banque française du commerce extérieur, à Strasbourg, où Brigitte ne tardera pas à trouver une place au collège protestant Lucie-Berger. Mais à la grande ville, ils ont préféré le calme bucolique de Truchtersheim et de

1. Entretien avec l'auteur, le 28 juillet 2017.

la rue des Coquelicots, où ils louent la plus haute et belle maison. Leur nouveau décor ? Des vignes d'un côté, un champ de maïs de l'autre... Et le cimetière de la commune à quelques mètres seulement.

Dans le quartier de la Hoeft, tout le monde adopte très vite les Auzière. « Quand ils sont arrivés en Alsace, ils ne connaissaient personne, se souvient leur voisine. Quelqu'un avait mis André-Louis en contact avec mon mari, qui a des affaires à Strasbourg, et nous avons sympathisé. Nous nous recevions, ma fille gardait leurs enfants, on se dépannait... Brigitte n'était pas prétentieuse, sa maison était très simple, elle ne se la jouait pas du tout. Elle aurait pu, elle ne sortait pas d'un milieu pauvre après tout[1] ! » Ici aussi, la chocolaterie Trogneux deviendra d'ailleurs rapidement connue. « Je me souviens avoir souvent eu des macarons dans mon buffet : dès qu'elle allait quelques jours à Amiens, elle m'en rapportait. » Mais la séduction ne passe pas que par les sucreries familiales. C'est ce que nous raconte Simone Uhl, l'une de ses amies de Truchtersheim. « Brigitte est une femme présente, c'est vraiment sa qualité. Quand elle est avec vous, elle est avec vous. Vous n'échappez

1. Entretien avec l'auteur, le 29 juillet 2017.

pas à son regard[1]. » Un trait qui charme alors tout particulièrement le fils de l'Alsacienne : le jeune Renaud s'est en effet lié avec Sébastien et Laurence Auzière, mais il est aussi très intéressé par la conversation de leur mère… « Il devait avoir dans les douze ans et il était subjugué par elle. Vous savez, elle est jolie et elle l'avait autorisé à la tutoyer. Alors forcément… », s'amuse aujourd'hui Simone Uhl.

Une popularité que l'enseignante ne va pas tarder à exploiter. Son but ? Dynamiser la vie de son très paisible quartier. « Elle était de toutes les fêtes locales et cherchait toujours à animer, à regrouper les gens, reprend Justin Vogel. Elle était très entreprenante[2]. » À l'époque, il vit à une trentaine de mètres des Auzière… En bonne place pour la voir s'attaquer à son premier chantier : le méchoui annuel de la Hoeft ! L'initiative existe alors déjà mais elle n'a pas mobilisé grand monde. Qu'à cela ne tienne : Brigitte va en faire sa priorité. « Elle est allée démarcher les gens pour qu'ils participent et elle a convaincu. Cela a donné une sorte de Fête des voisins avant l'heure ! D'ailleurs, le concept a perduré et, chaque premier samedi du mois d'août, nous sommes entre quatre-vingts

1. Entretien avec l'auteur, le 28 juillet 2017.
2. *Ibid.*

et cent personnes à nous retrouver autour de ce méchoui[1] », explique l'élu. « Elle cherchait à faire progresser les choses, à faire vivre le monde associatif, confirme Simone Uhl. Dès son arrivée, elle a posé beaucoup de questions. Ce n'était pas de la curiosité mais de la bienveillance. C'est une femme qui vous imprègne, qui agit par osmose. Je ne sais si elle s'intéressait déjà à la politique mais, à la vie des gens, c'est sûr[2]. » Si ce n'est que la politique va très vite la titiller également… Et après cette première croisade, carnée, elle se lance dans une autre campagne, municipale cette fois.

Baptême du feu électoral

En 1989, la ville s'apprête en effet à élire son nouveau maire. Un scrutin particulièrement important pour la commune : Roger Weiss n'est pas candidat à sa propre succession, et le siège qu'il occupe depuis 1965 est donc remis en jeu. Une course dans laquelle s'engage un concurrent imprévu. L'invité surprise ? C'est la liste « Truchtersheim demain », sur laquelle figure en bonne place une certaine Brigitte Auzière, près de cinq ans après son arrivée en Alsace.

1. Entretien avec l'auteur, le 28 juillet 2017.
2. *Ibid.*

« Quand on a commencé à la voir à la télé, en 2015, je me suis dit : “Mince, c’est bizarre, je la connais, cette dame[1] !” », nous raconte, l’œil rieur, Jeannine Briard, l’une de ses colistières. À quatre-vingt-trois ans, cette institutrice à la retraite se souvient parfaitement de sa rencontre avec la prof de lettres. « Au moment de l’élection, je la connaissais simplement de vue. Nous avions dû nous croiser au syndicat des enseignants de Strasbourg mais rien de plus. Et puis voilà qu’un jour elle sonne à ma porte avec mon médecin, le Dr Bronn, pour me recruter. Il fallait être quinze sur la liste et ils n’étaient que quatorze. » Seul problème : Jeannine Briard n’est pas disposée à battre la campagne. « Je lui ai dit que je n’en avais pas envie, que l’on se met toujours quelqu’un à dos dans une élection… Mais elle a insisté sur le fait que c’était une première pour elle aussi et que nous étions capables de siéger au conseil municipal. » Ces arguments n’ont pas tellement d’effet. Pas grave, la trentenaire aura Jeannine à l’usure… « Elle m’a tellement cassé les pieds que j’ai fini par me laisser faire ! Elle est très persévérante », en rit encore celle-ci.

L’équipe au complet, les choses sérieuses peuvent commencer, entre distributions de

1. Entretien avec l’auteur, le 28 juillet 2017.

tracts et réunions stratégiques chez les uns et les autres, histoire de définir quelques idées fortes. Installation d'un skatepark, promesse d'encadrer les loyers des jeunes ménages, volonté de faire en sorte que « travailler, vivre et vieillir à Truchtersheim puisse se concrétiser harmonieusement et dans le respect de tous »… Les propositions de « Truchtersheim demain » se veulent fédératrices. Et pour rassembler un peu plus, la liste sera sans étiquette politique. Tant pis si, de l'avis général, les candidats sont majoritairement à droite… Brigitte Auzière la première. « Mon mari lui parlait parfois politique et, selon lui, elle n'avait pas des idées de gauche[1] ! », nous explique une amie. Une orientation qui serait en tout cas conforme à la culture familiale. Chez les Trogneux, on vote traditionnellement plutôt à droite. Alors que l'enseignante fait campagne à Truchtersheim, les choses sont d'ailleurs claires chez elle, à Amiens. Toute sa tribu défend la candidature de l'UDF Gilles de Robien contre le communiste René Lamps, en poste depuis 1971. Et Jean Trogneux ne cessera de soutenir son champion après sa victoire.

Brigitte serait-elle alors de droite ? Plusieurs éléments vont dans ce sens, à l'époque comme aujourd'hui. Sa position sur certains

1. Entretien avec l'auteur, le 29 juillet 2017.

sujets sociétaux par exemple. Contrairement à Emmanuel Macron – qui précisait à ses copains de lycée venir d'une famille « de tradition mendésiste » –, elle n'est pas issue de la gauche culturelle. Et elle affirme être « plus réac » que son mari. Sur la conception de la laïcité, elle se dit par exemple « plus radicale », elle qui s'est élevée contre le port du voile à l'université. « Je ne suis pas du tout tolérante, confiait-elle à la journaliste Anne Fulda. Je suis rentre-dedans et, je ne le cache pas, je suis terrifiée par ce qui se passe dans certaines banlieues, ces jeunes filles qui se font traiter de tous les noms, qui sont conditionnées[1]. » Une vision de la laïcité qu'Alain Finkielkraut lui-même avait appréciée, la qualifiant d'« intransigeante », alors qu'ils en avaient tous deux discuté lors d'un dîner chez des relations communes.

De là à dire que Brigitte Macron n'était pas franchement hollandaise lors du dernier quinquennat, il n'y a qu'un pas… Que Nicolas Sarkozy aurait allègrement franchi, selon RTL. « Elle est très bien. Elle m'a dit qu'elle avait toujours voté pour moi », racontait-il à ses proches, après son dîner à l'Élysée du 5 juillet 2017. « Je n'ai jamais dit à personne pour qui

1. Anne Fulda, *Emmanuel Macron, un jeune homme si parfait*, Plon, 2017.

je votais et je ne le dirai jamais, avait-elle alors répliqué en privé. Même pas à Emmanuel.» Le mystère ne semble cependant pas bien épais pour les proches du couple, qui la situent spontanément à droite.

Mais, en 1989, son intérêt est – déjà – de s'afficher sans étiquette. Une volonté de rassembler qui ne suffira pas pour Brigitte Auzière et ses colistiers: le 12 mars, leur liste s'incline dès le premier tour, et celle de Joseph Siegwald s'installe à la mairie. La faute notamment à un casting trop élitiste. Un médecin généraliste, un radiologue, deux enseignantes, un directeur de recherche au CNRS… «Truchtersheim demain» n'est pas vraiment en phase avec la population de la commune, à l'époque très rurale. «C'est bien simple: sur quinze personnes, nous étions treize intellectuels, reprend Jeannine Briard. Aujourd'hui, ce serait différent mais il y avait beaucoup plus de cultivateurs ici! Et en face, nous avions M. Siegwald, qui était directeur du Crédit agricole[1].» «Ils n'avaient de toute façon aucune chance car beaucoup de leurs représentants n'étaient pas assez connus dans le village, analyse de son côté Justin Vogel, qui se trouvait alors sur la liste gagnante. Or la victoire était surtout fondée sur des personnalités.

1. Entretien avec l'auteur, le 28 juillet 2017.

Mais à l'époque, on pouvait rayer un nom d'une liste et le remplacer par un autre. Et ils ont pu placer trois ou quatre personnes au conseil municipal[1]. » Malgré son implication pendant la campagne, Brigitte Auzière ne fera pas partie des repêchés.

Un ADN très politique

Reste que l'aventure lui a donné une image de la politique qu'elle retrouvera plus tard… Une campagne ni tout à fait à droite, ni vraiment à gauche, menée par des novices ? Vingt-huit ans avant 2017, les codes font furieusement penser à ceux d'En Marche !. Et cette première expérience électorale a en tout cas initié Brigitte à la chose politique. Sa fille Tiphaine, candidate suppléante malheureuse aux dernières législatives, semble d'ailleurs en avoir elle aussi le goût. Tout comme sa famille, à Amiens, assez active politiquement. Aux départementales de mars 2015, toute personne qui présentait chez Trogneux sa carte d'électeur tamponnée avait droit à un macaron gratuit. « A voté, a goûté ! », promettait-on. Puis, l'année suivante, les confiseurs se mettaient En Marche !, eux qui proposent aujourd'hui de *« Make our planet great again »*

1. *Ibid.*

à leur manière : la punchline présidentielle a été apposée à des Terres en chocolat, dont les bénéfices sont en partie reversés à WWF.

Aurait-on donc un ADN politique chez les Trogneux ? La réponse est oui, comme nous l'apprend encore Jean-Louis Beaucarnot, qui leur a découvert au XVIe siècle des ancêtres « lieutenants ». « À l'époque, cela désignait des individus investis de quelques pouvoirs de police et d'administration, plus ou moins ancêtres de nos maires[1]. » Et puis, surtout, se tiennent sur leur arbre généalogique deux anciens occupants de l'Élysée, que les Macron connaissent bien... « La première dame s'ajoute à la longue liste des cousins et cousines de François Hollande, descendant comme lui des Goubet, notables de Vaulx au XVIe siècle et de l'ancienne lignée des sires de Douay », reprend Jean-Louis Beaucarnot. Une parenté d'autant plus marquante que Brigitte Macron partage également des racines avec Valérie Trierweiler ! « Toutes deux descendent du roi Louis VII et de sa célèbre première épouse, Aliénor d'Aquitaine », termine le généalogiste. La République a beau régner, le palais de la rue du Faubourg Saint-Honoré s'est donc cette fois transmis en famille !

1. Entretien avec l'auteur, le 10 octobre 2017.

Un Élysée sur lequel, à Truchtersheim, de nombreux regards sont désormais braqués. Les colistiers et amis de Brigitte scrutent ses apparitions avec une attention toute particulière. Et beaucoup disent leur confiance en ses compétences de conseillère – présidentielle, faute d'avoir été élue municipale. « Je pense qu'elle peut freiner Emmanuel Macron dans certaines décisions, juge Jeannine Briard. Elle me semble plus juste, plus clairvoyante que lui[1] », ajoute l'octogénaire, en nous montrant les deux pages manuscrites qu'elle compte lui envoyer. « En annexe, je vais faire un point sur tout ce qu'il faudrait changer. La justice, l'Éducation nationale, la police… Je vais lui expliquer ce qui ne va pas. » Une feuille de route qu'elle pourrait même lui remettre en mains propres, si Brigitte Macron faisait un détour par Truch', comme tout le monde l'espère ici. L'édile de la commune nous a d'ailleurs confié réfléchir au bon prétexte pour l'inviter, comme le lui réclament fréquemment ses collaborateurs. Un petit méchoui entre anciens voisins peut-être ? Pas sûr que cela suffise. « Il faudrait trouver une raison humanitaire. Elle a toujours été généreuse. Ellc fait partie des gens qui aiment bien tendre la main[2]. »

1. Entretien avec l'auteur, le 28 juillet 2017.
2. *Ibid.*

L'invitation est donc (presque) lancée à Brigitte. Et le chef de l'État peut même l'accompagner sans crainte : à la carte de La Libération, le bar-restaurant où se croise le Tout-Truchtersheim depuis des décennies, s'affichent non pas un, non pas deux, non pas trois, mais bien quatre types de cordons-bleus ! Lanières de veau, poulet, avec ou sans crème… Emmanuel Macron n'aurait pas à revivre le douloureux déjeuner du 23 avril 2017, quand il s'était vu refuser son plat préféré sur une aire d'autoroute, au seul prétexte qu'il n'avait pas pris le menu enfant… Pourtant, le patron des lieux, Jean-Paul Voltz, nous l'assure : il les proposait bien avant que la France ne découvre le péché mignon du président !

D'ailleurs, la Macronmania ne s'est pas imposée ici. Lors du premier tour de la présidentielle, le candidat d'En Marche ! n'obtenait que 25,74 %, nettement distancé par François Fillon et ses 30,06 %. Et, malgré le bon souvenir qu'elle a laissé, la *First Lady* n'est pas non plus devenue la star locale. « En mai 2016, le magazine *Pop Story* lui avait consacré un numéro en titrant “Et Brigitte créa Macron”, raconte son ancienne voisine. Eh bien, j'ai dû finir par acheter les cinq exemplaires de la presse de Truch'. Elle n'en avait pas vendu un[1] ! » Une épopée que, pour sa

1. Entretien avec l'auteur, le 29 juillet 2017.

part, elle a eu plaisir à lire. « Elle a connu quand même un parcours extravagant, que l'on ne pouvait pas prévoir à l'époque, avec la vie tranquille qu'elle menait. Encore que je ne la trouvais pas à sa place ! Compte tenu de son milieu d'origine, je me demandais ce qu'elle faisait là. Le monde qu'elle fréquente depuis Bercy, les intellectuels, les écrivains, ça ne se compare pas avec ce qu'elle a connu ici ! » Mais, à l'été 1991, Brigitte est encore loin des ors des ministères… Après sept ans dans le Bas-Rhin, entre plantations de maïs, de foin et de tabac, les Auzière font leurs cartons. Ils ont mis fin au bail de la maison qu'ils louaient rue des Coquelicots, car André-Louis vient d'être muté à la Banque française du commerce extérieur d'Amiens. Quant à Brigitte, elle est sur le point de rencontrer son destin à la bien nommée Providence.

« Un métier extraordinaire »

« Je perçois Brigitte Macron comme la prof idéale. » 23 juillet 2017, Jean-Michel Blanquer livre son évaluation de la première dame dans *Le Journal du dimanche*. Et cette appréciation tout en mesure fera rire sur les réseaux sociaux… « Je me fiche de passer pour un fayot », rétorque depuis le ministre de l'Éducation nationale, qui explique bien s'entendre avec l'épouse du président. Une aubaine, celle-ci étant de toute façon décidée à s'impliquer dans son domaine. « J'ai une très haute idée de l'éducation. Il faut que ce soit une priorité. J'ai plein d'idées, prévenait-elle dès la campagne. L'essentiel, à mon propos, c'est que je suis prof. C'est cela qui me charpente[1]. » Un « métier extraordinaire », un « éblouissement », comme elle le définit, qui n'était pourtant pas son premier choix. Car sa vocation lui est venue par hasard, et sur le tard.

1. Nicolas Prissette, *op. cit.*

1984, Brigitte Auzière a trente et un ans. Depuis deux ans, elle est attachée de presse, mais avec la naissance de Tiphaine lui sont venues des envies de reconversion. Arrivée en Alsace, elle s'ouvre de ce désir à des mamans d'élèves devant l'école de ses deux aînés. Coup de chance : l'une d'elles a une idée. « La direction diocésaine cherche des profs. Tu devrais postuler ! », lui lance-t-elle. Brigitte a une maîtrise de lettres – elle obtiendra plus tard son Capes ; elle s'exécute donc... Tout en songeant à monter son entreprise, pour ne pas avoir de patron, si cela ne marche pas. Elle n'en aura pas le loisir : sa candidature est acceptée, et elle est immédiatement nommée à Lucie-Berger, un établissement protestant du centre de Strasbourg. Une affectation qui, si elle la réjouit, ne sera pas de tout repos. « Je suis arrivée dans une classe de collège où l'on devait étudier des subordonnées conjonctives. Et moi, les conjonctives, les relatives, les circonstancielles, je n'en avais aucune idée, je n'avais étudié que la littérature !, se souvenait-elle dans *Elle*. La première heure a été vertigineuse. J'ai passé quinze jours sans dormir, à seulement travailler. »

Une prof mémorable

L'enseignement devient pourtant très vite un « bonheur », une « fierté », pour celle dont l'arrière-grand-père maternel était concierge d'un lycée de Montpellier, comme nous l'apprend le généalogiste Jean-Louis Beaucarnot[1]. Prof ? Ce serait « le plus beau métier du monde », s'il était plus rémunérateur, comme elle l'admet. Et une fois réappropriées les conjonctives, les relatives, les circonstancielles, elle va profiter de son nouveau poste pour explorer pleinement son amour des grands auteurs. Brigitte, que ses amis disent romanesque, aime à faire découvrir ses œuvres fétiches. *Dom Juan*, pour son impertinence ; *Le Rouge et le Noir*, dont elle connaît par cœur nombre de passages ; *Madame Bovary*, qui fait résonner en elle une quête d'exaltation… Elle dit avoir adoré transmettre sa passion à ses classes. Partager ses lectures est de toute façon une habitude qu'elle a conservée, conseillant les équipes de Bercy comme celles d'En Marche !. « Elle m'a demandé de lire *L'Étranger* de Camus, nous confie Ahmed Eddarraz, un militant devenu l'accompagnateur de la future première dame pendant toute la campagne. Je l'ai fait, je me suis régalé et, pour la remercier de cette découverte, je lui ai offert *Chanson douce*, de Leïla Slimani. Quelques semaines plus tard, elle me conseillait de le lire à mon tour. C'est la prof que j'aurais rêvé d'avoir, une dame qui transmet l'amour

1. Entretien avec l'auteur, le 10 octobre 2017.

de la culture française. Mais elle le fait toujours avec humour, me précisant par exemple que la Vénus était de Milo, et non de Millau, dont je suis originaire… Je me souviens aussi de son fou rire devant mes mimiques face à quelques œuvres assez trash du musée d'Art brut et singulier à Montpellier. On se serait cru dans la scène du musée d'*Intouchables*[1] ! »

Autant dire qu'avec ses élèves, la transmission est une priorité. « C'était une prof exceptionnelle, juge Laurent Poupart, directeur de Franklin, où elle exercera à Paris. Une femme d'une culture inouïe, joyeuse, enthousiaste, dynamique, attachée à obtenir de chaque élève le meilleur de lui-même. Un tourbillon ! Jamais blasée, jamais dans la routine[2]. » Une « passeuse », comme nous le dit Arnaud de Bretagne. Pendant une quinzaine d'années, ce professeur d'histoire-géographie aujourd'hui retraité l'a côtoyée à La Providence, à Amiens. « C'était une collègue très agréable, très ouverte. Nous parlions beaucoup littérature. Elle était souvent de bonne humeur, plaisantant avec tout le monde. Je me souviens de son humour : elle est assez blagueuse. » Une spontanéité qu'elle garde dans les salles de classe, où elle s'applique

1. Entretien avec l'auteur, le 1er novembre 2017.
2. Dans un article de *L'Express*, « Brigitte, l'autre Macron », paru le 28 octobre 2015.

à motiver ses troupes. « Avec les élèves, elle faisait l'unanimité, poursuit Arnaud de Bretagne. Mes deux filles l'ont eue en cours et elles me le disaient. Sa force, c'est qu'elle était souriante, détendue mais surtout très positive. Elle s'intéressait à tous les élèves, avec une pédagogie de l'encouragement constant. C'est important, à l'adolescence[1] ! »

L'un se rappelle qu'elle l'aidait à étudier après les cours, l'autre la remercie de l'avoir soutenue face à ses parents dans son choix de filière littéraire… Interroger ses anciens élèves revient à s'entendre dépeindre une guide très bienveillante. « Lorsque j'étais en première S, elle était ma prof principale, nous raconte l'un d'eux. On était forcément moins bons que des littéraires mais elle était très proche. Elle discutait beaucoup avec nous, écoutait toujours nos problèmes. Si l'on avait un souci avec d'autres professeurs, elle n'hésitait jamais à nous défendre[2]. » Jean-Baptiste Deshayes a ce même souvenir. Cet ex-camarade d'Emmanuel Macron à La Providence avoue devoir beaucoup à Brigitte. « Adolescent, j'ai arrêté mes études pendant trois ans pour travailler dans le cinéma. Lorsque j'ai voulu revenir au

1. Entretien avec l'auteur, le 14 septembre 2017.
2. Entretien avec l'auteur, le 19 septembre 2017.

lycée, en première L, le proviseur a jugé que ce serait compliqué. La différence d'âge, de maturité, d'expérience avec les autres élèves : tout cela n'était pas rassurant. Mais devant mon insistance, il a décidé de laisser le choix final à celle qui serait ma prof principale. Une heure plus tard, je rencontrais Brigitte et je n'ai pas mis beaucoup de temps à la convaincre. Elle a vu cela comme une opportunité, et mon expérience dans le cinéma l'intéressait. Elle adore ce qui est atypique ! S'est nouée une relation presque amicale entre nous, que nous avons conservée depuis. Son but en cours n'était pas de déverser un savoir, mais de créer quelque chose de passionné, de passionnant et de participatif. C'est quelqu'un avec qui l'on pouvait discuter de tout, qui n'hésitait pas à digresser à partir du moment où cela allumait une étincelle chez ses élèves[1]. » L'enseignante s'attache aussi à les faire sortir de leur coquille. Au risque de les secouer un peu. « Elle était très cool, jamais déprimée, jamais négative, nous explique Claire Pasquier, une autre ancienne de La Providence. Très naturelle aussi, malgré son côté apprêté. Je me souviens d'un jour où nous étudiions le thème de la passion, pour le bac français, et elle nous avait demandé notre avis sur la notion de plaisir. Évidemment, dans notre école privée

1. Entretien avec l'auteur, le 12 décembre 2017.

catholique, personne n'avait osé répondre. On se regardait tous sans rien dire. Et elle avait fini par lancer d'un air très enjoué que se faire plaisir faisait du bien de temps en temps ! Elle avait le don de nous décoincer[1]. » « Elle avait envie de développer l'esprit critique des jeunes, de les faire réagir, réfléchir », résume Jean-Baptiste Deshayes. « Elle tenait à rendre la culture vivante et n'avait pas une manière totalement académique d'enseigner. Elle avait compris qu'elle devait dépoussiérer la littérature, et elle y injectait donc de la modernité en multipliant les parallèles avec notre époque. Elle se servait pour cela de l'actualité, de sa vie ou de la nôtre. Elle savait en effet beaucoup de nous : les gens se confiaient facilement à elle. C'est le genre de profs que vous alliez voir avec un problème de cœur. » Son humour a aussi marqué l'ancien élève. « Elle est capable d'être très corrosive. J'avais par exemple pris pour habitude de lui écrire des petites notes en cours. Pas des mots doux, mais des anecdotes, des blagues, des citations. À chaque cours de français, j'en glissais plusieurs dans sa trousse. Et elle s'amusait de voir ce que je lui avais écrit. Quand je sortais de la classe, elle m'écrivait souvent une réponse que je trouvais ensuite dans mes affaires. J'étais pris à mon propre jeu ! Mais elle n'aurait jamais

1. Entretien avec l'auteur, le 28 septembre 2017.

fait cela à un élève que cela aurait pu blesser. Elle adaptait son humour à son interlocuteur. Sa réponse au débat “peut-on rire de tout ?” a toujours été “oui, mais pas avec tout le monde”.» D'autres vantent enfin sa disponibilité, même des années après avoir quitté une classe. Bref, une enseignante qui marque ses élèves pour longtemps, après les avoir transportés dans l'instant.

Car le charme de la prof agit indéniablement sur son auditoire. «Sur les garçons particulièrement, je pense[1] !», s'amuse Arnaud de Bretagne. L'élégance de celle qui n'écrirait qu'avec un porte-craie ne laisse pas les ados indifférents. «En début de carrière, elle était déjà très coquette, poursuit son collègue. C'est un effort que les élèves appréciaient.» L'un d'entre eux s'en souvient avec émotion. «Nous étions plusieurs à avoir craqué ! explique cet ancien de La Providence. L'année où je l'ai eue en français, j'étais très attentif, je dois dire[2] !» «Il y avait un échange particulier avec les garçons, une forme de séduction, en tout bien tout honneur, reprend Claire Pasquier. Il y avait de bonnes vibrations dans sa classe et beaucoup étaient charmés[3].» Un engouement dont sa fille

1. Entretien avec l'auteur, le 14 septembre 2017.
2. Entretien avec l'auteur, le 12 septembre 2017.
3. Entretien avec l'auteur, le 28 septembre 2017.

Tiphaine elle-même témoigne. L'avocate admet avoir été «jalouse de tous ces élèves qui lui écrivaient ou l'appelaient à la maison[1]». Certains venaient même dîner chez les Auzière, bouquet de fleurs à la main. Pour Brigitte, l'enseignement ne se cantonne pas aux salles de cours. Emmener ses élèves au théâtre est une autre de ses priorités, elle-même vouant un amour sans bornes aux grands dramaturges. Une passion qu'elle va vivre pleinement une fois de retour dans sa ville natale.

Un retour providentiel

En 1991, après sept ans passés en Alsace, les Auzière retrouvent en effet la Picardie. André-Louis ayant été muté à Amiens, Brigitte y cherche aussi un poste. Elle le décrochera à La Providence. «La Pro», comme tout le monde l'appelle ici, est un établissement privé connu et reconnu. Les rejetons de la bourgeoisie locale y fréquentent ceux des classes moyennes, mais aussi quelques Parisiens, venus résoudre leur crise d'adolescence en internat. Propriété des Jésuites, l'école forme en 2017 près de 2000 élèves à «Être, Agir, Réussir, Grandir», depuis la maternelle jusqu'à la terminale. Un

1. Caroline Derrien, Candice Nedelec, *op. cit.*

programme qui en jette, tout comme le décor de cet immense complexe. Dans les quartiers sud de la ville, sur le grand boulevard Saint-Quentin, difficile de rater La Pro ! Entre les maisons en briques sombres et la cité scolaire publique Louis-Thuillier, s'étendent sur quatorze hectares d'imposants bâtiments bétonnés, reconstruits après les bombardements de 1940. L'agencement des lieux est fonctionnel, façon campus à l'américaine. Piscine de vingt-cinq mètres, gymnase, piste d'athlétisme… Mais aussi café philo et projet pastoral. Ici, l'éducation ne doit pas se limiter aux heures de cours. « Nous souhaitons permettre à chaque élève de découvrir et exprimer ses talents », résume le site internet de l'établissement. Une pédagogie à laquelle la prof de français va être ravie d'adhérer, pendant les quinze ans qu'elle passera ici. Son sanctuaire ? Un petit espace, niché au cœur de cet ensemble austère : le théâtre. « Cette salle de spectacle, on y a tous des souvenirs. Si les murs pouvaient parler[1]… », lance un ancien de l'école, le journaliste Mathieu Delahousse – cousin de Laurent, qui y a aussi passé ses années de lycée. Un lieu dont Brigitte Auzière fait très vite son domaine réservé, prenant la tête du club théâtre pour les sections lycéennes. Elle semble heureuse de

1. *Le Figaro*, « Une adolescence à La Providence », le 31 mai 2017.

cette récréation artistique. « Elle s'impliquait énormément, confirme Arnaud de Bretagne. Elle aimait de toute façon beaucoup initier ses élèves au théâtre, les emmenant même pour cela à Paris[1]. »

Plus de vingt ans après, Antoine Joannes se rappelle encore cet atelier. « Elle avait réussi à créer une atmosphère qui n'était pas celle d'une relation de prof à élève. L'ambiance était très amicale et il y avait peu de distance. Elle nous invitait à répéter chez elle, nous demandait de l'appeler par son prénom. Certains la tutoyaient même. Elle était très différente des autres profs ! Elle nous poussait, dans le bon sens du terme, sans nous mettre de pression. Et elle dégageait un certain plaisir qui nous transportait[2]. » L'un de ses camarades, Cédric Étévé, se montre également enthousiaste. « J'étais en seconde et cela m'a vraiment permis de m'ouvrir. Vous savez, on restait à l'école pour ça, le soir, après les cours : fallait-il que ça nous plaise ! C'était agréable, elle veillait à ce que nous trouvions tous notre place. Elle faisait attention à chaque élève[3]. » Cette année-là, il en est pourtant un qu'elle remarquera plus particulièrement. Son nom : Emmanuel Macron.

1. Entretien avec l'auteur, le 14 septembre 2017.
2. Entretien avec l'auteur, le 17 octobre 2017.
3. Entretien avec l'auteur, le 20 septembre 2017.

Lorsque l'adolescent de quatorze ans intègre l'atelier théâtre, en septembre 1992, Brigitte ne l'a jamais eu en cours. Elle l'a bien aperçu lors d'une remise de prix pour un rapport de stage, en troisième. Parmi les lauréats, il avait alors disserté sur la vanité d'un tel honneur… Mais elle le connaît surtout de réputation. « J'ai dans ma classe un fou qui sait tout sur tout », lui a rapporté sa fille Laurence. « Il était très bon élève[1] », nous confirme François Ruffin, que l'on ne peut vraiment soupçonner de complaisance envers le président… Le député Insoumis a lui aussi fréquenté les bancs de La Providence, et sa sœur comptait même parmi les camarades d'Emmanuel Macron ! « Ils étaient assez amis, à se tirer la bourre pour avoir la meilleure note. »

De bons résultats dont Brigitte a également entendu parler en salle des profs. Depuis son arrivée à La Providence, en sixième, Emmanuel Macron fait son petit effet. On évoque ses notes, tout d'abord, qui sont excellentes, comme celles de son frère Laurent puis de sa sœur Estelle. Mais on s'étonne surtout de sa maturité. Ne pas se fier aux motifs Peter Rabbit qui ornent encore les murs de sa chambre ! « Manu » semble plus à l'aise avec les adultes qu'avec ses camarades, parmi lesquels il compte plutôt

1. Entretien avec l'auteur, le 26 juillet 2017.

de simples copains que de vrais amis. Après les cours, il reste souvent à discuter avec ses enseignants. « Ce qui était aussi marquant est qu'en arrivant en septembre il connaissait déjà le programme, renchérit Arnaud de Bretagne. Il avait beau être en section scientifique, il était en fait plus littéraire. Je me suis demandé en fin d'année si je lui avais appris quelque chose[1]. » Draguer les filles ? Ce n'est pas sa priorité. Il a bien eu une petite amie, dans sa classe, enfant de médecin comme lui. Il en semblait même amoureux, lui qui s'est fait heurter par une voiture, un jour qu'il rêvassait en sortant de chez elle. Mais il la quitte sans préavis, après avoir rencontré Brigitte.

Très vite, l'élève de seconde est en effet très troublé par sa prof. Et de son côté, elle apprécie sa différence. « Vraiment, il n'était pas comme les autres, se souvient-elle. Il avait un rapport à l'adulte, à tous les adultes, d'égal à égal. Je ne l'ai jamais vu respecter cette échelle d'âge[2]. » Autre particularité qui fait s'arrêter l'enseignante sur l'élève Macron : sa présence scénique. Celui dont on raillera deux décennies plus tard les mises en scène christiques a déjà le sens de la dramaturgie. Il va commencer à

1. Entretien avec l'auteur, le 14 septembre 2017.
2. *Emmanuel Macron. La stratégie du météore*, documentaire de Pierre Hurel, 2016.

l'explorer dans *La Comédie du langage*, une pièce de Jean Tardieu que Brigitte Auzière a choisi de monter. Son futur mari y incarne un épouvantail. Et au fil des longues heures de répétition, son interprétation la séduit. « Je trouvais qu'il était incroyable sur scène. Je me disais : "Quelle présence[1] !" », reprend-elle. Le 17 mai 1993, elle en a confirmation lors de la représentation de fin d'année, sur la scène de La Providence. « Ah, que c'est bon de renaître ! », déclame-t-il ce soir-là, les yeux clos et les bras en croix. Brigitte ne mesure pas encore combien cette phrase va s'avérer prémonitoire.

Une histoire impossible

À la rentrée suivante, Emmanuel Macron ne manque pas à l'appel. Il s'est à nouveau inscrit au club théâtre, où il met toute son énergie. Et il s'emploie à challenger sa prof… Toujours fidèle à son style entre zèle et insolence, lui qui, trois livres sous chaque bras, parle à ses enseignants comme à des semblables. « C'est tout juste s'il ne m'a pas dit : "Madame, vous devriez être un peu plus ambitieuse", continue-t-elle dans *La Stratégie du météore*. Il est arrivé avec un petit manuscrit dans sa mallette : *L'Art de la comédie*,

1. *Ibid.*

d'Eduardo De Filippo. Je regarde et lui dis: "Tu es bien gentil, il y a cinq ou six rôles et moi, j'en ai dix-sept qui ont l'option théâtre". » Cela tombe bien ! Le lycéen a justement une idée en tête: enrichir le texte d'autres personnages, pour impliquer tous les élèves du groupe – dont la propre fille de Brigitte, Laurence Auzière. Ce qui lui donne en prime un prétexte tout trouvé pour voir l'enseignante en dehors des cours. Dès l'automne 1993 débute un travail de réécriture qui durera des mois. Certains élèves nous racontent avoir été parfois conviés. « Se sentant basculer, elle ne voulait peut-être pas se retrouver seule avec lui[1] », ose l'un d'eux. Mais l'essentiel se fait quand même à quatre mains. Une époque pendant laquelle Brigitte raconte avoir eu la sensation de « travailler avec Mozart » (une première étape pour le futur « Mozart de la finance »). Chaque vendredi soir, tous deux se retrouvent pour œuvrer plusieurs heures, à La Providence. Voire chez l'enseignante, à une dizaine de minutes de l'établissement. Le jeune homme y prend très vite ses marques, et fait comme à la maison... Son vrai chez-lui n'est d'ailleurs pas très loin: les Auzière et les Macron sont voisins, dans le quartier huppé d'Henriville. De la typique maison en brique, sur deux niveaux, que Brigitte habite rue Saint-Simon, à

1. Entretien avec l'auteur, le 28 octobre 2017.

celle des parents d'Emmanuel, rue Gaulthier-de-Rumilly, il n'y a que 240 mètres. Maintenir une distance ne s'annonce définitivement pas évident… « C'est subrepticement que les choses se sont faites et que je suis tombé amoureux. Par une complicité intellectuelle qui devint jour après jour une proximité sensible, expliquait le candidat dans *Révolution*. Nous nous parlions de tout. L'écriture devint un prétexte[1]. »

Ce qu'Emmanuel Macron ne précise pas est que, cette année-là, son *Art de la comédie* revisité n'est pas sa seule production littéraire. Et non, on ne parle pas des poèmes qu'il écrit à l'époque. Ni même de *Babylone Babylone*, ce récit picaresque des aventures d'Hernán Cortés, pour lequel il n'avait pas trouvé d'éditeur… Car c'est une œuvre plus personnelle à laquelle il travaille alors, comme nous l'a révélé à Amiens une voisine de Brigitte. « À cette période, je faisais de la dactylographie. Je le connaissais du quartier et un jour, il m'a demandé de taper les trois cents pages d'un livre qu'il venait d'écrire[2]. » Elle accepte et là, surprise : « C'était un roman osé, un petit peu cochon ! Les noms n'étaient bien sûr pas les mêmes mais je pense qu'il fallait qu'il exprime ce qu'il ressentait

1. Emmanuel Macron, *op. cit.*
2. Entretien avec l'auteur, le 4 août 2017.

à l'époque. » Un manuscrit pour lequel les enchères monteraient sans aucun doute aujourd'hui… « Je ne l'ai pas gardé, malheureusement ; lui doit encore l'avoir. Si j'avais su ! », s'amuse-t-elle. Dommage en effet. De la *new romance* signée Emmanuel Macron ? On s'en serait délecté !

Début 1994, la pièce remaniée avec Brigitte est en tout cas prête. Et, après des mois à attendre la session écriture du vendredi soir dès le samedi matin, l'enseignante prolonge la collaboration, impliquant son élève dans la scénographie du texte qu'ils ont imaginé. « J'étais le metteur en scène de la pièce », nous raconte Jean-Baptiste Deshayes. « Nous avons passé beaucoup de temps à travailler tous les trois ensemble. Emmanuel était déjà brillant, éloquent. J'ai le souvenir de nombreux moments à refaire le monde avec lui après le théâtre. Nous voir débattre amusait beaucoup Brigitte ! Elle aime sortir du cadre, avec un côté à la fois conservateur et progressiste. Elle a beau appartenir à la famille Trogneux, à une certaine bourgeoisie locale, c'est cette prof cool qui invite ses élèves à boire l'apéro le vendredi soir, qui se fait tutoyer dans un établissement où cela ne se pratique pas… Ces choses en font un personnage que l'on n'oublie pas. » Pendant ces moments à trois, Jean-Baptiste Deshayes sent pourtant que quelque chose de plus fort se noue entre son camarade et Brigitte. « C'était absolument évident. Il y avait une attirance totale, qui paraissait naturelle. Il y avait une connexion incroyable[1]. » Difficile pour la prof de ne pas admettre qu'elle a succombé au charme de cet adolescent romantique, à la tignasse bouclée et aux faux airs de Boris Vian. Impossible de nier qu'il a « pris l'ascendant sur elle » et qu'elle a « senti qu'elle glissait ». « Petit à petit, j'ai été subjuguée par l'intelligence de ce garçon, avouait-elle en 2016. Cela fait très longtemps que nous sommes ensemble, et je n'en ai toujours pas mesuré le fond. Les capacités d'Emmanuel sont totalement hors norme. C'est la prof qui parle[2]. » Elle l'encouragera d'ailleurs à passer le concours général de français puis le concours d'éloquence organisé par le Rotary d'Amiens, qu'il remporte coup sur coup. De quoi conforter Brigitte dans son appréciation. Elle a beau ne l'avoir eu que dans sa classe de théâtre, comme le couple ne cesse de le préciser, elle a vite mesuré ses qualités littéraires. Ce qui explique peut-être que le président l'ait à l'occasion décrite comme sa prof de français. Entre eux, l'admiration est donc réciproque. Si elle dit ne jamais avoir lu ses poèmes et devoirs

1. Entretien avec l'auteur, le 12 décembre 2017.
2. Dans le documentaire de Pierre Hurel, *op. cit.*

en classe, comme le prétendaient certains, elle l'a en revanche fait intervenir dans l'un de ses cours, à en croire un ancien élève. « Il était dans une autre première que nous et était venu faire une explication de livre. Il s'exprimait presque comme un enseignant alors que nous avions le même âge[1]. »

L'heure de la comédie

Le jeudi 26 mai 1994, à la Comédie de Picardie, une très belle salle amiénoise, le grand soir est arrivé : le club théâtre de La Providence joue *L'Art de la comédie*. La pièce, écrite en 1964, avait été controversée à sa sortie. Eduardo De Filippo (qui n'est pas un parent napolitain d'Edouard Philippe…) y raillait l'État, s'amusant des rapports compliqués entre le pouvoir et les artistes. Dans la version qu'il a revisitée, en la parsemant d'alexandrins, Emmanuel Macron se place du côté des artistes. Il interprète le directeur d'une troupe de théâtre qui va s'employer à tourner un préfet en ridicule. La représentation est un succès, que toute l'équipe va fêter au restaurant. Autour de la table, Emmanuel et ses camarades, dont Laurence, ainsi que Brigitte et son mari André-Louis. Personne n'ose alors

1. Entretien avec l'auteur, le 19 septembre 2017.

imaginer ce qui se trame en coulisse. « C'est vrai qu'ils étaient tout le temps ensemble, côte à côte dans les gradins, se remémore Claire Pasquier, elle aussi au club théâtre. Elle semblait bien l'aimer, mais je me disais simplement que c'était son chouchou. D'autant qu'ils partageaient un truc à part, très intello. Lorsqu'ils s'interrogeaient sur tel ou tel sujet, je me sentais vraiment larguée[1] ! », rit-elle. « Mais il n'y avait pas de commérages au sein du groupe, explique Antoine Joannes. Même si l'on percevait qu'ils étaient très proches. Il y avait une alchimie évidente entre eux. Lorsque j'ai appris qu'ils étaient ensemble, je n'ai été ni surpris ni choqué car cela allait presque dans le sens de l'histoire. Ils allaient très bien l'un avec l'autre, même à l'époque[2]. » Mais, pour l'heure, cette connivence est perçue par ses proches comme purement intellectuelle. « Elle était fascinée par cet élève, témoigne une amie de l'enseignante. Elle avait enfin trouvé quelqu'un avec qui parler littérature pendant des heures[3]. »

Leur belle complicité déconcertera tout de même un peu ceux qui les aperçoivent se baladant en tête à tête certains week-ends… Tel

1. Entretien avec l'auteur, le 28 septembre 2017.
2. Entretien avec l'auteur, le 17 octobre 2017.
3. Dans un article de *Pop Story*, « Et Brigitte créa Macron », mai 2016.

cet ancien enseignant de La Providence, qui se rappelle encore son étonnement en les croisant un dimanche le long de la Somme, sur le chemin de halage, juste avant les vacances de l'été 1994. « J'étais surpris de voir un professeur se promener avec l'un de ses élèves un dimanche… Je n'en ai parlé à personne, je l'ai gardé pour moi. Ils se voyaient, je ne l'ai compris qu'après[1]. » Il ne sera bientôt pas le seul à tout savoir de cette étrange romance : dans le petit quartier d'Henriville, où tout le monde se connaît, un tel secret ne pouvait le rester.

1. Entretien avec l'auteur, le 2 septembre 2017.

Le prix du bonheur

« Quand je lis des choses sur notre couple, j'ai toujours l'impression de lire l'histoire de quelqu'un d'autre. Pourtant, c'est une histoire simple. » La simplicité évoquée dans *Elle* par Brigitte Macron ? Elle a dû la théoriser *a posteriori*... Car à l'été 1994, alors qu'elle a quarante et un ans et lui seize, qu'elle est enseignante et lui lycéen, leur couple n'a rien d'une évidence... Du moins pour les autres. Une situation porteuse de « mutilation », admet-elle d'ailleurs aujourd'hui en privé, comme le raconte Philippe Besson. Déplorant auprès du romancier « la simple difficulté d'être ce que l'on est quand ce n'est pas la norme sociale[1] ».

Alors certes, l'époque de son propre coup de foudre n'est plus celle de Gabrielle Russier. Un quart de siècle s'est écoulé depuis 1969, lorsque cette prof de français marseillaise de

1. Philippe Besson, *op. cit.*

trente-deux ans, mère de deux enfants, avait été condamnée à douze mois de prison avec sursis pour son aventure avec l'un de ses élèves de seize ans. Un fait divers dramatique – elle se suicidera après le verdict – dont Brigitte a évidemment pleinement conscience. Peut-être a-t-elle entendu le président Pompidou réciter, pour évoquer l'affaire, quelques vers que Paul Éluard avait consacrés aux femmes tondues à la Libération. « Comprenne qui voudra, moi, mon remords, ce fut la victime raisonnable au regard d'enfant perdu, celle qui ressemble aux morts qui sont morts pour être aimés[1]. » Sans doute a-t-elle aussi vu *Mourir d'aimer*, le film qu'André Cayatte en a tiré en 1971, avec Annie Girardot dans le rôle principal. Mais tout cela lui semble loin face aux sentiments qui s'imposent à elle. Et elle aura la chance que, contrairement aux parents du jeune Christian Rossi, ceux d'Emmanuel Macron ne portent pas plainte contre elle. Les choix sentimentaux de leur fils ne les réjouiront pourtant pas... Loin de là.

« C'est sûr, on n'a pas fait "chic alors[2] !" », confie Françoise Noguès, la mère du président. Un doux euphémisme ! La révélation a été

---

1. Paul Éluard, *Au rendez-vous allemand*, « Comprenne qui voudra », Éditions de Minuit, 1945.
2. Anne Fulda, *op. cit.*

d'autant plus violente qu'ils ne l'ont pas vue venir. Un temps, ils ont même pensé que leur aîné était épris d'une autre Auzière : Laurence, sa camarade de classe et fille de Brigitte. Mais ce n'est pas elle qu'il rejoint de plus en plus souvent en cachette, alors que ses parents le pensent en train de préparer son bac français. Ces derniers n'ont aucune raison de mettre en doute la parole de l'élève studieux… Du moins jusqu'à ce jour du printemps 1994, où ils reçoivent un appel d'un copain d'Emmanuel, qui demande à lui parler. Le hic : il est censé passer la semaine avec cet ami, chez la grand-mère de celui-ci, histoire de mettre un bon coup de collier avant les épreuves. Il les a même appelés chaque jour pour leur raconter cette très efficace session de révisions ! De quoi rendre son retour légèrement explosif… Et faire « tomber de l'armoire » les Macron, comme ils l'expliquent, lorsqu'ils comprennent que c'est de sa prof qu'il s'est entiché. L'adolescent refusant de se ranger à leurs arguments, ils convoquent Brigitte pour lui faire entendre raison. Se noue alors un douloureux bras de fer. Mais ils n'auront guère plus de succès qu'avec leur fils, que leur ton se fasse suppliant – à cause d'elle, il n'aura jamais d'enfants, implorent-ils – ou plus menaçant. À l'interdiction de revoir Emmanuel jusqu'à sa majorité, l'enseignante répond, en pleurs, qu'elle ne peut faire de promesses. Rien ne semble plus pouvoir la tenir éloignée du lycéen. Pas même les cent cinquante kilomètres entre Amiens et Paris, qui devaient couper court à cette histoire apparemment impossible.

Longue distance

Voilà quelques mois qu'elle l'a en effet incité à partir faire sa terminale S à Paris. Elle qui assure n'avoir jamais été attirée par les hommes plus jeunes a dû admettre que celui-ci lui plaît, et met en danger sa vie de famille. Dès la fin de sa seconde, les Macron avaient de toute façon songé à inscrire leur fils au prestigieux lycée Henri-IV et la bénédiction de Brigitte a été pour celui-ci l'argument décisif. « En raison de ma vie sentimentale, ma situation était devenue intenable[1] », reconnaît-il. Reste qu'en faisant ses valises l'enfant prodigue planifie déjà son retour. « Vous ne vous débarrasserez pas de moi ! Je reviendrai et je vous épouserai », lance-t-il, lyrique, à sa prof de théâtre. Un projet qu'il mènera à bien… Mais non sans mal.

En septembre 1994, il s'installe donc dans une chambre de bonne rue Pierre-et-Marie-Curie,

1. Dans une interview à *L'Obs*, « Confidences littéraires », parue le 16 février 2016.

tout près d'Henri-IV. « J'empruntais les chemins des personnages de Flaubert, Hugo, s'enthousiasme-t-il aujourd'hui. J'étais porté par l'ambition dévorante des jeunes loups de Balzac[1]. » Un loup qui se casse quand même un peu les dents en cette rentrée. Tout d'abord parce que, en dépit du bon niveau de La Providence, il évolue maintenant dans une autre dimension. Dans ce lycée d'excellence, l'éternel premier de la classe se retrouve avec une moyenne dans la moyenne – entre 11 et 12 selon sa mère – et doit redoubler d'efforts. Mais ses bulletins parfaits ne sont bien sûr pas ce qu'il regrette le plus de sa vie amiénoise…

« Le premier trimestre n'a pas été drôle, se souvient Brigitte. On s'appelait tout le temps. On passait des heures et des heures au téléphone[2]. » Elle ne peut continuer à nier l'évidence, la proximité physique n'étant plus une excuse. « Petit à petit, il a vaincu toutes les résistances, de manière incroyable, avec patience. » Au bout de quelques semaines, elle ne tente alors plus de se tenir à distance et va à Paris dès qu'elle le peut. Chaque week-end, c'est lui qui revient. Sa valise pleine de linge à laver et une seule idée en tête : retrouver

1. Emmanuel Macron, *op. cit.*
2. Dans le documentaire de Pierre Hurel, *op. cit.*

Brigitte. Plusieurs anciens élèves de La Providence nous racontent les avoir vus le dimanche soir, se disant au revoir à la gare. Emmanuel prend d'ailleurs moins de précautions pour cacher son histoire, notamment avec son nouvel entourage. À Henri-IV, il a dit à certains camarades qu'il sortait avec sa prof, sans donner beaucoup plus de précisions.

Brigitte, en revanche, est le plus souvent contrainte au silence. Ses amies ? Elles connaissent bien son mari et leur réaction serait trop vive. Son unique confidente devient alors celle dont elle sait la bienveillance : Germaine Noguès, dite Manette, la grand-mère adorée d'Emmanuel Macron. Celle qui lui a donné le goût de la lecture et chez qui il aurait demandé à habiter dès l'âge de cinq ans. Celle qu'il célèbre constamment dans le savant récit de son parcours – quitte à en avoir souvent exclu ses propres parents ! Le jeune homme ne pouvait donc que lui parler de son coup de foudre. Et si l'ancienne directrice de collège en a tout d'abord été choquée, elle l'a vite accepté. Une indulgence qu'elle n'aurait jamais eue pour ses propres enfants, comme le remarque aujourd'hui Françoise Noguès. Mais elle passe tout à ce petit-fils préféré, avec lequel elle entretient une relation fusionnelle. « Rien n'aurait été possible si elle n'avait pas donné son assentiment[1] », admet Brigitte. Chaque semaine, elle lui rend donc visite durant des après-midi entiers. « Elle avait une passion pour La Fontaine, que l'on partageait », poursuit la première dame. Avec celle qui a si souvent répété à Emmanuel Macron qu'elle « n'aime que lui », elle a décidément bien des points communs ! Et elle trouve ici un havre qui tranche avec ce qu'elle va bientôt connaître à l'extérieur.

Car, peu à peu, ses proches découvrent à leur tour son secret, et ils se montrent nettement moins compréhensifs. Chez les Trogneux, on n'a pas le goût du scandale. Et l'on est à mille lieues d'imaginer le vaudeville qui se trame dans la maison familiale, où le couple se retrouve. « Emmanuel profitait des absences de Jean-Claude Trogneux pour se faufiler auprès de Brigitte qui se dorait au bord de la piscine familiale. Et s'enfuyait dans les buissons avec sa serviette, dès qu'il réapparaissait », racontait une proche en 2016, dans les pages de *Pop Story*. La confrontation arrivera pourtant lorsque l'aîné de la fratrie tombe sur le couple dans le jardin. C'est le point de départ de nombreuses querelles. Désormais à la tête de l'entreprise familiale, Jean-Claude Trogneux est une personnalité aussi connue que l'a été son père.

1. Anne Fulda, *op. cit.*

Il est par exemple l'organisateur d'un rallye à vélo entre Amiens et Le Touquet. Avec la petite dernière, de vingt ans sa cadette, il ne se prive donc pas de jouer le paternalisme sévère. S'appropriant le rôle que leurs parents ne peuvent plus remplir : leur père est décédé en janvier 1994, et leur mère est âgée, elle qui partira en février 1998, à quatre-vingt-quatre ans. Ses frères et sœurs la bousculent, arguant que cette histoire est immorale. Elle leur répond qu'elle doit la vivre, quelle qu'en soit la durée. Elle ne parviendra pas à les convaincre de cette nécessité : la première dame peut bien assurer avoir toujours perçu Emmanuel Macron comme un contemporain, ses proches, eux, mesurent à l'époque chacune des vingt-quatre années qui les séparent. Au-delà de leur désapprobation de cette romance taboue, voir leur nom au cœur des commérages indignés leur est très désagréable. Trogneux, cela doit rimer avec macarons, pas avec Macron !

La rumeur et l'opprobre

Mais la rumeur a commencé à se répandre. Les chocolatiers n'en ignorent rien : des lettres anonymes leur ont été envoyées – cela a également été le cas à La Providence. Un proche évoque même « les crachats sur la porte » qu'ils subiront ! Exagération ou pas, les tensions sont en tout cas extrêmement vives, et la famille Trogneux est scandalisée. Les relations avec la petite dernière se rafraîchiront au point de l'ignorer pendant des années au Touquet... Oubliée, la fratrie « aimante et soudée », comme elle la décrit. Dans le fief familial, où les parents de Brigitte lui ont légué cette villa Monéjan qu'elle aime tant, elle est dorénavant isolée. Et sur la plage, on ne s'adresse plus la parole, alors que les cabines des frères et sœurs se jouxtent !

Ce n'est pourtant rien par rapport à ce que Brigitte va connaître au sein de son propre foyer. Lorsque son mari apprend la vérité, sa réaction est évidemment violente. Se faire remplacer par un camarade de classe de sa fille, par un ado qu'il a si souvent reçu chez lui ? Voilà une blessure difficile à panser. Et le banquier – peu sentimental selon tous les témoignages recueillis – ne tergiverse pas : il part. Le divorce ne sera prononcé qu'une dizaine d'années plus tard, en janvier 2006 – il a été difficile de finaliser les choses. Mais la séparation, elle, est immédiate. Abasourdi, il quitte la maison de la rue Saint-Simon pour ne plus y revenir. « On ne l'a plus revu ! Comme s'il s'était volatilisé[1] », s'étonnent deux des voisins de l'époque. « Il a

1. Entretien avec l'auteur, le 4 août 2017.

pris cela comme une telle gifle ! », évalue l'une de ses connaissances. « Il faut le comprendre. Je pense qu'il n'a pas non plus été facile de voir par la suite les enfants apprécier Emmanuel[1]. » Selon la journaliste Sylvie Bommel, André-Louis Auzière n'aurait même pas assisté à l'enterrement de sa propre mère, de peur d'y croiser son ex-femme. « C'est un homme qui ne veut pas être retrouvé après tout ce qui s'est passé[2] », analyse-t-elle.

Brigitte, elle, reste dans la maison d'Henriville, avec ses trois enfants. Continuant d'enseigner à La Providence, où ses collègues savent tout de ses tourments privés. « Le vrai courage ce fut le sien. La détermination généreuse et patiente, ce fut la sienne, s'extasie Emmanuel Macron dans *Révolution*. Elle avait alors trois enfants et un mari. De mon côté, j'étais élève et rien de plus. Elle ne m'a pas aimé pour ce que j'avais. Pour une situation. Pour le confort ou la sécurité de ce que j'apportais. Elle a renoncé à tout pour moi. Mais elle l'a fait avec un souci constant de ses enfants. En n'imposant jamais rien, mais en faisant comprendre, avec douceur, que l'impensable pouvait s'imposer[3]. » Sur ce point, la relecture de Brigitte est plus nuancée.

1. Entretien avec l'auteur, le 11 octobre 2017.
2. Auprès du *Daily Mail*, dans un article paru le 28 avril 2017.
3. Emmanuel Macron, *op. cit.*

« Je sais que j'ai fait du mal à mes enfants, et c'est la chose que je me reproche le plus, confessait-elle dans *Elle*. Mais je ne pouvais pas ne pas le faire. Il y a des moments dans votre vie où vous faites des choix vitaux. Et pour moi, ça l'a été[1]. »

Désormais, leur relation n'est plus vraiment clandestine. Elle reste encore loin d'être acceptée… La première dame a beau expliquer n'avoir pas vu cet amour comme une transgression, cela y ressemble à s'y méprendre ! Certes, personne n'ose alors l'affronter, notamment à La Providence, où l'on n'a guère envie de s'étendre sur la question… « Contrairement à ce que j'ai pu lire dans la presse, on n'en parlait pas[2] », nous explique son collègue, Arnaud de Bretagne. Mais des ricanements qui bruissent sur son passage aux amies soudain indisponibles pour déjeuner avec elle, la désapprobation se fait entendre. Selon certains témoignages, Brigitte la précède même, préférant s'isoler : lorsqu'elle croise d'anciens amis dans la rue, elle évite leur regard. « Les Macron sont des gens qui ont été traités en pestiférés. Ils se sont vécus comme tels, analyse un proche. Elle est très pudique sur le sujet. C'est une blessure

1. « Appelez-moi Brigitte », *op. cit.*
2. Entretien avec l'auteur, le 14 septembre 2017.

qu'elle n'évoque pas de but en blanc. Mais au détour d'une conversation, elle m'a parfois raconté qu'elle avait perdu toutes ses copines. Du jour au lendemain, les amies avec qui elle partait en vacances n'ont plus voulu lui adresser la parole[1]. » En quittant André-Louis Auzière pour Emmanuel Macron, elle a rompu avec son milieu, et avec la vie qu'elle menait jusque-là. Elle ne peut pourtant pas en entamer une nouvelle, plus anonyme, auprès de son ancien élève : ses enfants sont scolarisés à Amiens et elle exerce toujours à La Providence.

S'ouvrent alors des années d'une histoire à distance. Après avoir obtenu son bac S avec mention très bien, Emmanuel Macron poursuit ses études, désormais installé dans un petit appartement qu'ont acheté ses parents rue de la Santé. Hypokhâgne et khâgne à Henri-IV, maîtrise et DEA de philosophie à l'université de Nanterre, Sciences-Po, puis direction Strasbourg pour trois ans à l'ENA, pendant lesquels il partira au Nigeria le temps d'un stage de six mois en ambassade… Les expériences s'enchaînent, riches en rencontres. En Alsace, il se lie notamment avec ceux qu'il retrouvera au sommet de l'État. Ainsi, Gaspard Gantzer, futur conseiller Communication de François Hollande ; Mathias

1. Entretien avec l'auteur, le 12 septembre 2017.

Vicherat, qui deviendra directeur de cabinet de Bertrand Delanoë et d'Anne Hidalgo ; ou encore Aurélien Lechevallier, lui aussi passé par la mairie de Paris et l'Élysée. Mais entre 2002 et 2004, ce futur cercle d'influence forme surtout la « Confrérie du Grand Buffalo », qui s'encanaille au fil des apéros à l'Académie de la bière et des karaokés au Bunny's... Emmanuel Macron n'est pourtant pas totalement disponible à cette vie étudiante, pressé de retrouver Brigitte chaque week-end. « Quand certains révisaient à Strasbourg, lui préférait rentrer au Touquet, se souvient Gaspard Gantzer. Tous les vendredis, après notre cours d'espagnol, il courait vers la gare pour sauter dans le train[1]. » Certains attribuent d'ailleurs aux contraintes de cette double vie le fait qu'il ait raté Normale Sup' à deux reprises. Pour Emmanuel Macron, l'avenir se profile en tout cas au loin. Brigitte, elle, reste à Amiens, lestée par ces « ragots de province » qu'elle a souvent dénoncés.

Seuls, à deux

La Picardie n'est cependant pas le seul lieu où leur couple fait tiquer. Les amis parisiens

1. Gaspard Gantzer, *La politique est un sport de combat*, Fayard, 2017.

à qui Emmanuel Macron présente sa compagne ne cachent pas leur surprise. Beaucoup interrogent ce choix qui lui interdit d'avoir des enfants. Mais les remarques se font parfois nettement plus désobligeantes. Lorsqu'en septembre 2006, il l'amène au mariage de ses camarades énarques Sébastien Veil et Sibyle Petitjean, certains s'étonneront par exemple de le voir arriver avec « cette quinqua pas super-distinguée[1] » en robe blanche et courte. Et les commentaires fusent sur leur différence d'âge. Est-ce pour imposer leur amour une fois pour toutes qu'ils se marient en grande pompe, un an plus tard ? Sûrement. Emmanuel Macron veut « faire taire » ceux qui les jugent. Le 20 octobre 2007, une Brigitte Trogneux à nouveau vêtue d'une robe blanche et courte fait son entrée à l'hôtel de ville du Touquet. Sur ses terres, à 400 mètres de sa villa… Là où, trente-trois ans plus tôt, le même maire – Léonce Deprez, aujourd'hui décédé – l'avait unie à André-Louis Auzière. Après avoir enfin divorcé de celui-ci, elle est libre de sceller son histoire avec Emmanuel Macron, en lui passant une seconde bague au doigt. Elle lui avait offert les trois anneaux qu'il porte à la main droite lorsqu'il était parti en stage au Nigeria.

1. Comme raconté par Caroline Derrien, Candice Nedelec, *op. cit.*

« Le salon d'honneur n'était pas trop grand, se souvenait en 2015 Léonce Deprez, qui avait dû renoncer à officier dans l'habituelle salle des mariages. Dans une ambiance très naturellement chaleureuse[1]. » Michel et Sylvie Rocard, Gaspard Gantzer, Mathias Vicherat, Henry Hermand, Marc Ferracci... Tous sont réunis autour du couple. Les Trogneux sont également présents. Sans oublier Sébastien, Laurence et Tiphaine Auzière, à qui leur beau-père de vingt-neuf ans rend un hommage tout particulier. « Chacune et chacun d'entre vous a été le témoin au cours de ces treize dernières années de ce que nous avons vécu, entame-t-il, dans un salon du très chic hôtel Westminster, où se poursuit la noce. Et vous l'avez accepté. Vous nous avez faits ce que nous sommes aujourd'hui. C'est-à-dire un couple pas tout à fait normal mais un couple qui existe. Alors je voulais vous remercier pour nous avoir aimés comme nous étions. Plus particulièrement, je voulais remercier les enfants de Brigitte parce que s'il y en a pour qui ça aurait pu ne pas être très simple, c'était pour eux. » Ils ne lui en tiennent visiblement pas rigueur, Tiphaine insistant par exemple sur la normalité de cette famille recomposée. « Ça a eu, grâce à eux,

1. Marc Endeweld, *L'Ambigu Monsieur Macron*, Flammarion, 2015.

la force d'une évidence», conclut ce jour-là Emmanuel Macron.

L'évidence ne s'était de prime abord pas imposée à son propre entourage... Pourtant, ce 20 octobre, les Macron sont là. Ses parents sont séparés depuis 1999 – ils divorceront en 2010 –, mais ils entourent leur aîné, tout comme son frère et sa sœur. Françoise Noguès a même contribué à la préparation de l'événement, en choisissant les musiques de la cérémonie, dont la *Marche de Radetzky* sur laquelle les mariés sont entrés. Il faut dire qu'après des années de tensions, les relations se sont apaisées avec cette belle-fille inattendue. Malgré ses réticences initiales, elle a dû se faire une raison. Elle a compris que son fils ne varierait pas et que, face à Brigitte, «on pourrait déshabiller Laetitia Casta devant lui que cela ne lui ferait rien[1]». Elle s'est donc rangée à cet «amour complètement fusionnel» et s'est employée à mieux connaître l'enseignante, partant même dès l'année 2000 en vacances à Bagnères-de-Bigorre avec le couple et Tiphaine ! Bientôt, elle deviendra l'amie de celle qui n'a que trois ans de moins qu'elle. «Je me demande même si elle ne voit pas plus Brigitte qu'Emmanuel Macron[2]», nous résume Anne

1. Anne Fulda, *op. cit.*
2. Entretien avec l'auteur, 25 avril 2017.

Fulda. Toutes deux prendront ainsi l'habitude de déjeuner régulièrement ensemble à Paris, où Françoise Noguès s'est installée et exerce en tant que médecin-conseil à la Sécurité sociale.

Quelques mois avant son mariage, Brigitte a elle aussi définitivement quitté Amiens, et La Providence. Jusque-là, elle se partageait entre les deux villes, s'arrangeant pour regrouper ses cours sur trois jours. Mais ses enfants désormais adultes, il n'est pas question de continuer cette vie de couple à mi-temps ! En septembre 2007, la prof de lettres fait donc sa première rentrée au très chic lycée Saint-Louis-de-Gonzague, alias « Franklin », institution catholique du XVIe arrondissement dont la mère de Bruno Le Maire a longtemps été l'une des directrices. Dans ce très sélectif temple du savoir, encore une fois sous direction jésuite, « BAM » – comme ses élèves la surnomment, pour Brigitte Auzière-Macron – trouve vite ses marques.

Le soir, c'est cependant à une tout autre carrière qu'elle se dévoue. En août 2007, Emmanuel Macron a été nommé rapporteur adjoint de la Commission pour la libération de la croissance française, plus connue comme la Commission Attali. Et le jeune inspecteur des finances va pouvoir compter sur sa femme pour l'épauler, et l'aider à conquérir ce nouveau monde. Lorsque l'avocat Jean-Michel Darrois, qui siège également dans la Commission, les invite dans sa maison de campagne, Brigitte séduira les convives en les faisant rire dans la piscine, alors que le trentenaire est un peu guindé dans son costume-cravate[1]. De l'avis général, elle s'adapte vite. Mieux, elle aime les mondanités, elle qui en a été sevrée pendant des années, la bonne société amiénoise lui ayant fermé ses portes. Dans l'appartement de 80 m² que le couple a acheté rue Falguière, dans le XVᵉ arrondissement, elle multiplie les invitations à dîner. « C'est une femme qui met du liant », résument ses proches.

Une aptitude au réseautage qui va aussi énormément servir son mari après son embauche à la Banque Rothschild, en septembre 2008. Les horaires y sont élastiques mais Brigitte le soutient. Il n'a de toute façon pas de jeunes enfants à la maison pour le distraire, comme le notent aujourd'hui ses amis. Cette ascension, ils sont libres de la mener en couple, jusqu'à l'Élysée, où le futur président fait ses premiers pas en mai 2012, en tant que secrétaire général adjoint. « Après quelques années, j'avais réussi à mener

1. Comme raconté dans un article du *Point*, « Le destin de Bibi », paru le 11 mai 2017.

la vie que je voulais. Nous étions deux, inséparables, malgré les vents contraires[1] », s'enflamme-t-il dans *Révolution*. Des bourrasques dont il fera bientôt un argument électoral, un marqueur de sa détermination. Mais, pour l'instant, le couple savoure simplement un bonheur qui lui a coûté cher. « Pour vivre notre amour, nous avons dû nous blinder contre les remarques malicieuses, les moqueries et les ragots[2] », synthétise Brigitte. Ils ne regrettent néanmoins pas ce tribut. Le 20 avril 2017, lors d'une interview Snapchat, Emmanuel Macron ne dit pas autre chose. « Bonjour, Monsieur, j'ai un peu craqué sur ma prof de droit pénal. Est-ce que vous auriez un conseil ? », lui demande un internaute. Réponse du candidat ? « D'abord, il faut savoir si c'est réciproque. Si c'est le cas, allez-y. »

1. Emmanuel Macron, *op. cit.*
2. Dans un portrait du *Guardian*, « En orbite autour de Jupiter », paru le 20 octobre 2017.

Au cœur du pouvoir

«Jamais!» Nous sommes le 20 août 2014, dans un restaurant de Los Angeles. Les Macron terminent un séjour sur la côte ouest américaine et ils ont décidé de déjeuner avec Xavier Niel et Delphine Arnault. Le quatuor se trouve à plus de 9000 km de Paris, mais la conversation va vite se focaliser sur l'Élysée. Emmanuel Macron compte-t-il renouer avec la politique? se demande le patron de Free. «Jamais, au grand jamais!», jure donc son ami. Deux mois plus tôt, il a quitté ses fonctions de secrétaire général adjoint de la présidence de la République. En l'espace de quinze jours, il s'était vu écarté par François Hollande du poste de ministre du Budget (que souhaitait pourtant lui offrir Manuel Valls) et de celui de secrétaire général, au départ de Pierre-René Lemas... Et il est alors parti, non sans avoir rendu un hommage à son épouse. «Tu es le fil qui continue de me relier à la vraie vie», déclare-t-il lors de son pot de départ, après avoir loué sa « discrétion » et son « intelligence parfaite ». Dans les plans de l'ex-banquier ? S'en retourner vers le privé. Prise en charge d'un cours sur le « réformisme en Europe » à Londres et Berlin, création d'une start-up consacrée à l'enseignement sur Internet avec les incontournables Ismaël Emelien et Julien Denormandie (futurs conseiller spécial élyséen et secrétaire d'État)... Tout est prêt pour son retour de vacances. Mais Brigitte, elle, semble déjà douter de la concrétisation de ces projets. « Il va replonger ! », s'écrie-t-elle ce jour-là, face à Xavier Niel et Delphine Arnault. Elle ne s'attend pourtant pas à ce que son intuition prenne corps aussi tôt.

Six jours plus tard, l'enseignante et son mari se baladent à vélo au Touquet, quand il reçoit l'appel qui va orienter son destin. À l'autre bout du fil, François Hollande propose à Emmanuel Macron le ministère de l'Économie, en remplacement d'un Arnaud Montebourg dont il a trouvé la « cuvée du redressement » légèrement soûlante... En voyant le chantre du *made in France* faire son numéro à la fête de la Rose de Frangy-en-Bresse, Brigitte avait d'ailleurs pressenti que le président allait appeler son « Manu ». Ne leur reste plus qu'à prendre leur décision – ce sera vite fait – et à se remettre en route vers Paris dans la voiture avec chauffeur mise illico à disposition. Ce soir-là, le nouveau ministre ne pourra pas rentrer directement à leur domicile du XVe arrondissement. Des photographes attendent déjà en bas de l'immeuble et il ferait mauvais genre d'être immortalisé pour ses débuts en polo et bermuda – son uniforme touquettois… Brigitte Macron le sait désormais : leur vie a changé. Leurs deux vies ont changé.

Sa « part non négociable »

Car, pour elle aussi, l'automne se révèle mouvementé. En septembre, la prof de lettres fait sa rentrée, la huitième à Franklin. « BAM » va pourtant vite se rendre compte qu'elle n'est plus aussi libre qu'auparavant. Tout d'abord parce qu'elle n'est plus anonyme, la presse s'intéressant à son couple dès l'entrée de son mari au gouvernement. Mais aussi car l'emploi du temps de ministre d'Emmanuel Macron emporte tout. Et elle qui était connue pour passer des heures avec ses classes dans la salle d'étude, à « susciter des vocations », a désormais un autre point de mire. « Lorsque son mari est devenu ministre, elle nous a dit qu'elle serait plus prise[1] », se

1. Entretien avec l'auteur, le 18 novembre 2017.

souvient un ancien élève. Du temps où Emmanuel Macron œuvrait chez Rothschild, Brigitte avait dû composer avec certaines périodes chargées, pendant lesquelles elle le voyait peu. Alors, cette fois, elle ne compte pas se laisser distancer. La crainte qu'il ne s'épuise dans les débats houleux de sa loi controversée… Mais aussi sans doute la peur de voir la politique les éloigner peu à peu. « On a du mal à être l'un sans l'autre », rappelle-t-elle de toute façon.

Il sollicite alors plus que jamais son avis et lui a même demandé de gérer son agenda. De semaine en semaine, la prof s'implique plus dans la vie professionnelle du locataire de Bercy – où elle a accepté de s'installer, pour ne pas ajouter du temps de trajet à des journées s'étalant déjà de 6 heures à 2 heures du matin. Compliqué, dans ces conditions, d'assurer ses dix-huit heures hebdomadaires, réparties entre l'enseignement du français et du latin aux secondes et premières L. N'étant pas insomniaque comme son mari, leurs débriefs nocturnes la laissent « dézinguée », comme elle le confesse elle-même. « Un jour, elle m'a dit : "Je suis crevée. Je n'ai plus le temps de préparer mes cours. Je ne suis plus à la hauteur de mes élèves[1]" », raconte Gérard Collomb.

1. *L'Obs*, « Les Macron, mari, femme et associés », paru le 1er septembre 2016.

Dès le mois de novembre, elle avoue ainsi à ses proches ne plus tenir.

Résultat ? Si elle est décidée à finir l'année scolaire, elle prend une décision jusque-là impensable : renoncer à son métier. Un choix difficile, pour celle qui admet aujourd'hui regretter les salles de classe… Oui, mais son mari lui en a fait la requête. « Quand il m'a demandé d'arrêter, j'ai dit OK. Ça l'aide matériellement. Je m'occupe de tout ce qui concerne la vie personnelle. Je sais ce dont il a besoin[1]. » En juin 2015, elle se met en disponibilité de l'Éducation nationale – la disponibilité se muera vite en retraite. Et elle dit au revoir à ses élèves, qui lui offrent un maillot du PSG (un cadeau qu'Emmanuel Macron, pro-OM, ne risque au moins pas de lui piquer). Un départ à contrecœur qu'elle célèbre néanmoins en organisant une petite fête à Bercy… Sa nouvelle maison, où elle est enfin libre de prendre toute sa place.

Novembre 2015, les caméras du « Supplément » de Canal+ suivent le ministre de l'Économie. Et en s'invitant à une réunion de travail, le journaliste Jérôme Bermyn découvre une collaboratrice inattendue. « Il y a une surprise

1. Nicolas Prissette, *op. cit.*

autour de la table ! À la droite du ministre, Brigitte Macron », lance-t-il. « Mon épouse, elle n'est pas dans mon cabinet, je veux être très clair là-dessus. Elle n'est pas payée par le contribuable français », précise tout de suite le héros du jour. « Elle y passe beaucoup de son temps parce que son avis m'importe. Elle contribue aussi à une autre ambiance et je pense que c'est important. On ne travaille pas bien quand on n'est pas heureux. » Un rôle non officiel et bénévole, donc, mais pourtant bien réel. Si elle ne s'immisce pas dans les dossiers purement économiques, elle garde un œil sur tout le reste et assiste aux réunions stratégiques. L'organisation du planning ? C'est elle. L'accueil des journalistes ? Parfois elle. La relecture des discours ? Encore elle. Certains recrutements ? Toujours elle. Elle soufflera par exemple le nom de l'avocate Sophie Ferracci, qui vient remplacer en décembre 2015 Anne Rubinstein en tant que chef de cabinet.

Brigitte est attentive à la garde rapprochée. Chaque matin, elle fait le tour des bureaux, et trouve un petit mot à dire à chacun de la quarantaine de collaborateurs présents. Un côté affable qui correspond bien à son caractère... Et qui n'est peut-être pas inutile au vu des tensions suscitées par sa présence à plein temps.

Dans l'entourage du ministre, certains voient en effet avec amertume une part de pouvoir leur échapper. « Nous devions lui adresser nos notes en même temps qu'à lui, se souvient un conseiller. Comme elle décide autant que lui, on ne savait jamais à qui s'adresser en premier[1]. » Brigitte à la barre du Paquebot ? L'affirmation est sans doute excessive. Mais elle témoigne de l'importance de « Bibi » aux côtés du ministre. Invariablement assise à sa droite dans les réunions auxquelles elle assiste – un siège qu'Emmanuel Macron a, la première fois, « réservé » en y posant sa propre veste… C'est d'ailleurs à sa droite qu'elle se trouvera le 30 août 2016, lorsqu'il annonce sa démission à ses équipes. « Brigitte se joint à moi pour vous remercier parce qu'elle a fait partie de la vie du cabinet », admet-il ce jour-là. « Merci beaucoup de la place que vous m'avez donnée, vraiment », renchérit-elle en essuyant ses larmes. « Discrète, atypique mais c'était important pour nous », conclut le futur candidat.

Une place « discrète » ? Ce n'est pas l'avis de certains membres de sa garde rapprochée, qui la trouvent au contraire disproportionnée. À Bercy, tous sont bien conscients que si Madame ne figure pas dans l'organigramme,

1. *Challenges*, « Brigitte Macron, fusionnelle », le 9 mai 2017.

ce n'est que pour ménager leur susceptibilité. Emmanuel Macron s'en est de toute façon ouvert en janvier 2016 au journaliste du *Times* Adam Sage, incrédule devant ce mélange des genres. « Elle n'est pas rémunérée par le contribuable », explique-t-il, dans ce portrait où il est défini comme « le politique qui emmène sa femme au bureau ». « Et elle n'a aucune fonction officielle, parce que cela rendrait la vie impossible à tous ceux qui ont un poste au sein du cabinet. » Un choix de forme, donc, qui ne réduit en rien son importance sur le fond. Mais pas question de s'en plaindre frontalement à leur boss : tous savent que Brigitte est sa « part non négociable ». Côté privé comme professionnel.

Une influence que l'enseignante tente constamment de minimiser. Sur Canal+, dans le reportage du « Supplément », elle dément ainsi être « un aiguillon pour lui ». « Pas du tout. Il sait faire, il n'a besoin de personne », répond-elle. Avant de se reprendre, et de désigner les collaborateurs autour de la table : « Si, il a besoin d'eux. » Mieux vaut ne froisser personne ! Aujourd'hui encore, elle assure qu'il n'écoute pas toujours les idées qu'elle lui donne. Sauf que, depuis vingt ans, elle est celle qu'il consulte constamment. « Il ne fait rien sans lui demander son avis. Du recrutement d'un collaborateur au choix d'un costume ou d'une coupe de cheveux[1] », analyse un proche. Et leur entourage se plaît à souligner le rapport intellectuel qui lie ce couple fusionnel, « en osmose ». On cite même Brigitte comme l'un des « maîtres à penser » d'Emmanuel Macron, au même titre que l'ont été le philosophe Paul Ricœur puis Michel Rocard… Un *alter ego* chez qui il trouve, finalement, autant d'écoute que d'exigence.

Car Brigitte est aussi la seule à pouvoir lui remettre les pendules à l'heure. Emmanuel Macron ne s'étant pas encore autoproclamé « maître des horloges », cela peut être utile. Surtout au sein d'une équipe où il suscite une admiration aussi enthousiaste – en atteste le nombre de collaborateurs de Bercy qui le suivront dans l'aventure En Marche !. « Elle est l'une des seules à lui dire quand il se plante. Ça le change des flatteurs qui lui serinent toute la journée qu'il est formidable[2] », résume crûment un proche. Il la malmène dans une réunion ? « Tu ne me parles pas comme ça ! », n'hésite-t-elle pas à lui opposer. Il compare, dans le *Wall Street Journal*, son ancien métier de banquier d'affaires à celui de prostituée, puisque « le

1. *L'Obs*, « Les Macron, mari, femme et associés », *op. cit.*
2. François-Xavier Bourmaud, *Emmanuel Macron, le banquier qui voulait être roi*, L'Archipel, 2016.

boulot, c'est de séduire[1] » ? Son épouse ne se prive pas de le contredire. « Ce n'est pas très aimable pour les prostituées », lui lâche-t-elle, lors d'un dîner entre amis. Ces « échanges musclés », elle-même les revendique.

Au-delà du couple, les Macron forment donc une équipe dont on reconnaît l'unité au ministère… Mais aussi hors de ses murs. Le 2 juin 2015, Brigitte Macron a ainsi fait une première sortie publique extrêmement remarquée. Quelques semaines plus tôt, elle a annoncé son départ de Franklin. Et elle est libre de s'afficher au bras de son mari, délivrée du regard de ses élèves et de son « obligation » de discrétion. Un dîner d'État avec Felipe et Letizia d'Espagne est justement organisé à l'Élysée : ça tombe à pic. Robe noire courte et hauts talons pour elle, costume et mine ravie pour lui… Ce soir-là, le couple s'avance main dans la main et pose sur le perron du palais. Pour un premier cliché officiel, c'est royal ! Voire présidentiel, dans une France qui n'a plus de *First Lady* depuis un an et demi, et la fracassante éviction de Valérie Trierweiler. Un mois plus tard, les Macron remettent ça à la garden-party élyséenne du 14 Juillet où elle apparaît en robe,

1. « Hollande scelle son destin avec l'ex-banquier Macron », le 8 mars 2015.

escarpins et sac Louis Vuitton. Un *total look* que certains trouveront « too much ». « On m'a appris à porter de belles robes quand je suis invitée », a-t-elle pour habitude de répliquer aux remarques sur ses choix vestimentaires.

Le 9 octobre, elle est aussi là pour voir Michel Rocard être élevé au rang de grand-croix de la Légion d'honneur. Le 21 novembre, elle est au bras de son mari pour rendre hommage place de la République aux victimes des attentats. En mars suivant, c'est au dîner d'État en l'honneur de Willem-Alexander et Máxima des Pays-Bas qu'elle fait sensation dans sa robe en dentelle blanche… Désormais, elle assiste à chaque événement officiel et agite la presse, qui raconte son histoire et analyse ses tenues. « Brigitte, l'autre Macron », titre *L'Express* dès le mois d'octobre 2015. Consacrant trois pages à son parcours ! Depuis sa deuxième année à Bercy, le ministre n'est donc plus la seule star de son couple… Éclipsé par une épouse à l'indéniable aura people.

People or not people

S'y sont succédé une chanteuse et mannequin connue dans le monde entier, une journaliste connectée au Tout-Paris et une actrice régnant sur le septième art… Pourtant, à l'Élysée, c'est l'ère Brigitte Macron qui pourrait être la plus people. Car en trois ans, le carnet d'adresses de la prof de lettres s'est mué en *Who's Who* du show-biz français. Et très vite, aucun carré VIP ne lui a plus été interdit. On la verra occuper le premier rang des défilés Louis Vuitton, copiner avec Michel Boujenah ou Pierre Arditi aux premières de théâtre… Surgir, même, sur l'Instagram très étoilé de Laeticia Hallyday ! Le 6 juillet 2016, l'épouse de Johnny poste en effet une photo inattendue : au centre, Line Renaud souffle ses quatre-vingt-huit bougies, entourée des Hallyday, du producteur Jean-Claude Camus, de l'icône Vanessa Paradis… Et, tout sourires entre Muriel Robin et Stéphane Bern, du couple Macron. Un cliché qui sera évidemment très commenté et repris par tous les sites d'info, y compris politiques. « Emmanuel Macron au milieu de stars à l'anniversaire de Line Renaud », titre celui de BFM. « Quand Emmanuel Macron fête l'anniversaire de Line Renaud avec Johnny Hallyday et Stéphane Bern », s'étonne RTL. Le ministre de l'Économie serait-il un people comme les autres ? Le mélange des genres fait en tout cas parler. Mais depuis des mois, le couple a tissé des liens avec nombre de célébrités, au fil des sorties culturelles orchestrées par Brigitte. Au terme de chaque spectacle, ils ne manquent désormais jamais de saluer les artistes. François Berléand ? Ils le rencontrent dans sa loge après une représentation de *Momo*. Chantal Ladesou ? C'est à la fin de *Peau de vache*. « Lui, on ne comprend pas ce qu'il raconte », se souviendra la comédienne dans « Les Grosses Têtes », en novembre 2016. « C'est un cours de l'ENA. Et elle, elle traduit. Elle vulgarise son propos. Ils font un bon tandem ! »

Avec Fabrice Luchini, le coup de cœur est d'abord virtuel. À l'automne 2014, Brigitte Macron emmène son mari voir au cinéma *Gemma Bovery*. Le verdict du ministre en fin de séance est enthousiaste : il a envie de rencontrer l'acteur. Quelques jours plus tard, l'enseignante invite donc l'ami de François Hollande à dîner à Bercy. « Quand il est entré dans le bureau, il a lancé son blouson et a dit : “Bon, ça va aller !”, raconte-t-elle. Il a commencé à parler de Furet et de Rimbaud avec Emmanuel. Comme s'ils étaient amis depuis longtemps[1]. » S'engage alors entre eux un vrai rituel : dès que possible, le comédien vient au ministère pour un déjeuner, et la lecture d'un grand texte. De quoi donner une idée à l'enseignante. Le tête-à-tête littéraire, c'est bien gentil, mais ce serait encore mieux de le partager avec ses classes ! Au printemps 2015, une centaine d'élèves de son lycée Franklin est donc conviée à Bercy, pour une rencontre avec Emmanuel Macron et Fabrice Luchini. Le procédé peut légèrement surprendre : on n'est ni au ministère de l'Éducation nationale, ni à celui de la Culture. Mais ce jour-là, tous semblent ravis. Un élève nous explique avoir vécu « un moment extraordinaire ». « Un immense souvenir, commente de son côté l'acteur. J'ai trouvé ça passionnant. On était interrogés sur Rimbaud, sur Nietzsche, sur Flaubert. J'ai trouvé cette femme complètement harmonisée, à sa place, dense, précise, une solidité intérieure. Elle a mené ça de main de maître[2]. » Preuve de son affection, il prêtera au couple sa maison de l'île de Ré à l'été 2016,

1. Anne Fulda, *op. cit.*
2. *L'Obs*, « Les Macron, mari, femme et associés », *op. cit.*

le tout « entièrement gratos » comme il le précise sur tous les plateaux.

Plus VIP que les Sarkozy

Dès Bercy, les proches des Macron s'appellent donc Bernard Montiel, Philippe Besson ou Stéphane Bern. L'attachée de presse Nicole Sonneville – qui a inspiré à Alex Lutz son personnage dans « Catherine et Liliane » – est elle aussi conquise. Bonne pioche : elle va mettre son impressionnant carnet d'adresses à leur disposition. Faisant de Bercy le théâtre de dîners ultra-select, où l'on croise Pierre Arditi et Évelyne Bouix, Guillaume Gallienne ou Arielle Dombasle. « Je dois dire que tous les deux étaient d'une attention et d'une gentillesse absolues[1] », vante, quelques mois plus tard, cette dernière. Une telle déferlante de people ? Le Paquebot n'en avait pas connu depuis 2007, lorsque Nicolas et Cécilia Sarkozy y recevaient leurs amis célèbres…

Avec les Macron, les réceptions s'enchaîneront bien plus encore, le couple organisant parfois jusqu'à deux dîners par soir. Une frénésie qui aurait bien sûr un coût… Selon l'enquête

1. « Les Grosses Têtes », sur RTL, le 24 novembre 2016.

des journalistes Marion L'Hour et Frédéric Says[1], lors de sa démission en août 2016, Emmanuel Macron avait utilisé 80 % de l'enveloppe annuelle de frais de représentation accordée à son ministère – soit au moins 120 000 euros en huit mois ! Mais avec des perspectives présidentielles, réseauter est important. Et à cet exercice, sa femme représente un atout précieux. Elle a un mot pour chacun, met en valeur ses invités, plaisante avec aisance. Bref, elle est une hôtesse aussi naturelle que lorsqu'elle recevait le couple Rocard et d'autres, dans leur appartement de la cité Falguière. Une « brise-glace », estime l'animateur Stéphane Bern, devenu pour les Macron un ambassadeur de choc, comme pourront l'être d'autres journalistes invités, tels Marc-Olivier Fogiel ou Cyrille Eldin. Dans les médias, les stars ne rechignent ainsi pas à parler d'eux, devenant des relais aussi glamour que puissants. De la même façon que les clichés de toutes leurs soirées VIP et sorties au théâtre représenteront une promo à bon marché, pour un lectorat qui ne dévore pas forcément la presse politique ou économique. Le tout en empiétant – bonus non négligeable – sur le terrain de Manuel Valls.

1. *Dans l'enfer de Bercy. Enquête sur les secrets du ministère des Finances*, JC Lattès, 2017.

Son épouse, la violoniste Anne Gravoin, ayant travaillé avec Nolwenn Leroy, Emmanuel Moire, Alain Souchon ou Laurent Voulzy, c'étaient en effet surtout les Valls que l'on voyait entourés de people. Eux que l'on immortalisait à la première de *La Traviata*, avec Arielle Dombasle et Bernard-Henri Lévy. Eux qui posaient avec les Hallyday après le concert de Johnny, que la musicienne accompagnait sur scène. Eux que l'on surprenait au Festival de Cannes, bavardant avec Marion Cotillard ou Jean Dujardin… Mais dès 2015, la course aux stars est lancée entre le chef du gouvernement et son ministre. Et leurs épouses mènent le match, se retrouvant même, le 6 juillet 2015, ensemble au musée Rodin pour assister au défilé Dior. Ce jour-là, la trêve est déclarée, le temps d'une embrassade chaleureuse devant les photographes. À croire que Brigitte Macron a réhabilité ce corps professoral qu'Anne Gravoin trouvait terne lorsqu'il était incarné par une autre Brigitte, Ayrault cette fois. « C'est sûr qu'une musicienne, c'est un peu plus glamour que Mme Ayrault, prof d'allemand[1] dans la banlieue de Nantes ! », avait-elle lancé dans un portrait que lui consacrait *Le Parisien* en juin 2012. Avec l'Amiénoise, elle a visiblement trouvé à qui se mesurer.

1. Elle était en fait professeur de français.

Les intimes Line Renaud, Bernard Montiel et Stéphane Bern mais aussi les chanteuses Catherine Lara, Keren Ann ou Dani, les comédiens Macha Méril, Danièle Évenou, Vincent Lindon et Pierre Arditi, les réalisateurs Marjane Satrapi et Régis Wargnier, l'ex-Mme Météo Catherine Laborde, l'animateur de « Secret Story » Christophe Beaugrand, le footballeur Yohan Cabaye… Le 17 avril 2017, ils sont tous présents pour soutenir le candidat Macron au grand meeting de Bercy. Et dans une campagne qu'ont boudée les stars, chaque prise a son importance. *Libération* aura beau railler « les vieilles gloires du jeune premier » en titre d'un article, l'affiche people reste bien plus large que celle des autres présidentiables. Un casting activement composé par Brigitte Macron, sur lequel elle et son mari misent. Quelques semaines plus tôt, en février, ils étaient ainsi tout disposés à se montrer avec Geneviève de Fontenay, venue écouter le leader d'En Marche ! à Lyon. Trop heureux de la voir dans leurs rangs plutôt que dans ceux du FN, elle qui s'était fait photographier peu avant avec Florian Philippot. Depuis, l'idylle avec le président s'est quelque peu délitée, la dame au chapeau expliquant le « détester », lui qui n'a pas suivi ses conseils politiques avisés. Dommage, c'est sûr. Il peut heureusement toujours compter sur les autres people soigneusement conquis pour assurer sa pub.

Mais si Brigitte Macron semble ravie de ces amitiés *glossy*, ce n'est bien sûr pas seulement par calcul politique. Car la première dame a aussi un petit côté groupie, elle qui déjouait en juin 2017 la vigilance des photographes pour assister, incognito, au concert parisien de Phil Collins. Non, le fan-club de son époux n'est pas le seul auquel elle adhère ! En témoigne sa rencontre avec Stéphane Bern, arrangée cette fois par son mari. Fin 2014, le ministre sort du Sénat lorsqu'il manque de se faire écraser par la voiture de l'animateur de « Secrets d'Histoire ». Une sortie de route qui vaut le coup : Emmanuel Macron s'empresse de le convier à dîner parce que « sa femme l'adore et ne parle que de lui ».

Elle n'hésitera jamais à exprimer cet intérêt pour les artistes. Lorsque, en octobre 2016, elle accompagne Bernard Montiel au concert de Julien Doré, elle n'oublie pas de le saluer en loge, et de lui faire dédicacer un disque pour son mari. « Elle est une femme authentiquement de province qui se réjouit d'arriver à Paris et que tout émerveille[1] », souligne avec tendresse l'écrivain Philippe Besson. Le 25 octobre 2017,

1. *Le Point*, « Le destin de Bibi », art. cit.

elle ne boudait donc pas son plaisir en entendant Mick Jagger lui lancer, en plein concert des Rolling Stones à l'U Arena de Nanterre: «Il y a beaucoup de stars ce soir: Patrick Bruel, Sylvie Vartan et Brigitte Macron.»

Un goût pour les paillettes qui amuse ses proches. Au sein des équipes ministérielles, on sera en revanche plus critique quant à ce tempérament mondain. Dès 2015, certains confiaient aux journalistes, en *off* bien sûr, combien la prof se délectait de ses nouvelles amitiés… Imposant ce tourbillon bling-bling à leur patron, beaucoup moins people selon eux. Pas si sûr pourtant qu'Emmanuel Macron soit aussi détaché, lui qui, en apercevant fin 2016 Charles Aznavour dans un restaurant du XVe arrondissement, se précipitait pour lui signifier qu'il l'aimait depuis toujours! Mais plusieurs de ses conseillers ont préféré imputer à l'enseignante la responsabilité de cette image people jugée dangereuse. La polémique du dîner de La Rotonde – organisé par Brigitte au soir du premier tour – les confortera dans cette idée. Tout comme, sans doute, les critiques qui ont suivi la nomination de Stéphane Bern comme «Monsieur Patrimoine», une fois le couple installé à l'Élysée.

Mais qu'importent les commentaires: ces célébrités, le duo les fréquente avec plaisir dans la vie quotidienne… Les côtoyant également très tôt dans les pages des magazines people. Vendredi 5 septembre 2014, Emmanuel Macron est ministre depuis seulement dix jours que son histoire s'affiche déjà en couverture de *Closer*. « En couple avec son ex-prof », titre l'hebdomadaire. Au menu, des photos de leur déjeuner à La Cave des Abbesses, à Montmartre, et le premier récit de cette romance qui va finir par captiver le monde entier. « Dès son arrivée à Bercy, nous avions été interpellés par un article qui évoquait le fait qu'il avait épousé sa prof[1] », nous explique Laurence Pieau, directrice de la rédaction. « J'ai trouvé cela intéressant : cette histoire était inhabituelle et très romantique. On avait envie de voir quelle était cette femme qui avait conquis le beau gosse du gouvernement… » L'histoire a en effet de quoi intriguer. Et après *Closer*, bien d'autres magazines, féminins mais aussi généralistes, s'en empareront.

Une curiosité que celui qui a été conseiller de François Hollande – et a assisté à ses déboires sentimentaux – feint de ne pas saisir. « N'ayant jamais acheté la presse people et n'étant pas fasciné par ça, je ne peux que constater, sans totalement comprendre pourquoi, qu'elle

1. Entretien avec l'auteur, 13 décembre 2017.

s'intéresse à ma vie privée[1] », déclare-t-il au journaliste François-Xavier Bourmaud. D'accord. Mais s'il ne comprend pas cet intérêt, il l'avait quand même anticipé : dès la rentrée 2014, Brigitte avait demandé à ses élèves de première, à Franklin, de ne pas répondre aux éventuelles sollicitations des journalistes. Et s'il n'a jamais acheté la presse people, il ne la boycotte pas non plus totalement… Le soir de la sortie de ce premier article dans *Closer*, il est en effet aperçu dans les gradins du Stade de France, lors d'un match France-Espagne, montrant à un ami les pages en question sur son smartphone. Avec un grand sourire aux lèvres.

Le couple, longtemps marginalisé, est-il heureux de voir son histoire enfin reconnue ? Peut-être. Ils ne tarderont d'ailleurs pas à prendre la main sur le récit. Se racontant eux-mêmes, au fil des couvertures qui s'enchaînent dès avril 2016. S'assurant bientôt, également, les conseils de Michèle « Mimi » Marchand, patronne de l'agence Bestimage, et pourvoyeuse de scoops pour toute la presse people. Un soutien significatif dans une campagne qui s'annonce âpre et très personnelle. Celui qui s'est toujours défendu d'être le candidat du système serait-il celui du *star-system* ? « Ce qui relève de la vie

1. François-Xavier Bourmaud, *op. cit.*

intime a vocation à rester avec certains[1] », affirmait-il pourtant quelques mois plus tôt. Mais ça, c'était avant d'intégrer qu'il n'avait que « peu de temps pour accroître sa notoriété », comme il l'a souvent admis devant ses proches. Avant, aussi, de voir son couple mis en cause par la rumeur…

1. Marc Endeweld, *op. cit.*

« La calomnie ! Monsieur... »

« Mon épouse, à laquelle je tiens beaucoup, a parlé à une journaliste. Mon épouse ne connaît pas le système médiatique. Elle regrette profondément. » Jeudi 14 avril 2016, Emmanuel Macron est à Londres. Il vient de participer à une conférence sur l'avenir de l'Europe organisée par le *Financial Times*. Mais, ce jour-là, son avis sur les risques du Brexit n'est pas franchement ce qui captive les médias français... Et, au micro de BFMTV, le ministre de l'Économie évoque surtout le sujet qui fait jaser depuis le matin : l'interview que Brigitte a accordée à *Paris Match*, illustrée par leur « album intime ». « C'est une bêtise que l'on a faite ensemble, poursuit-il. Mon couple, ma famille, ce n'est pas une stratégie que de l'exposer, c'est sans doute une maladresse. » Téméraire, en effet, d'apparaître « ensemble sur la route du pouvoir » en une de l'hebdomadaire – même si, selon la journaliste Caroline Pigozzi, qui a réalisé l'entretien, les Macron ne savaient pas qu'ils feraient la couverture. L'affaire prend l'allure d'une provocation, le jour même où François Hollande passe son grand oral sur France 2, dans l'émission « Dialogues citoyens ». « Il sait ce qu'il me doit, c'est une question de loyauté personnelle et politique », recadrera à cette occasion le chef de l'État. Oui mais voilà… La carte fidélité n'est alors pas la priorité des Macron. Et au-delà de l'autopromo, ils ont une bonne raison de se raconter : faire cesser au plus vite certains chuchotements assourdissants. « J'ai fait cette erreur parce qu'il y avait des rumeurs qui couraient », se justifiera trois semaines plus tard l'ex-prof de français dans « C à vous ». « Des rumeurs de caniveau. J'ai cru bien faire, j'ai eu tort. »

Depuis des mois, les réseaux sociaux comme les rédactions parisiennes sont ainsi agités d'un même écho : Emmanuel Macron aurait une liaison avec Mathieu Gallet. Jusqu'ici, le séduisant patron de Radio France – ex-directeur de cabinet de Frédéric Mitterrand au ministère de la Culture puis PDG de l'INA – était surtout connu du grand public pour les coûteuses rénovations entreprises dans son bureau. Mais, en ce printemps 2016, son nom est désormais associé à celui du ministre. On les aurait vus sortant d'un restaurant… Ils se retrouveraient secrètement en forêt... *Closer* s'apprêterait à publier des photos compromettantes... À un an de la présidentielle, les conjectures vont bon train ! Et si, dès l'été 2014, certains twittos évoquaient leur prétendue inscription à une même salle de gym parisienne, les commentaires n'ont cessé de se faire plus précis. « Emmanuel Macron sort avec Mathieu Gallet et sa femme lui sert de couverture... », écrit l'un. « Si Macron a un discours de vérité envers les Français, pourquoi ne parle-t-il pas de Mathieu Gallet ? », tente l'autre. Sans oublier bien sûr les quelques photos du PDG de Radio France assorties du hashtag #Madamemacron. Sur les réseaux sociaux, les allégations se multiplient, souvent même nourries par les déclarations de responsables politiques.

Une rumeur assourdissante

À commencer par la remarque de Nicolas Sarkozy, interviewé début mai dans *Le Point* par Anna Cabana. « Il est cynique. Un peu homme, un peu femme, c'est la mode du moment. Androgyne. Ce qui vous plaît chez Macron, c'est que vous aimez toujours ceux qui ne vous obligent pas à choisir. » Le propos est assez limpide mais, juste au cas où, l'entourage de l'ex-président se charge de le vulgariser. Ainsi, ce sénateur LR qui se gargarise ouvertement des rumeurs dans les couloirs du palais du Luxembourg. Ou encore le banquier Philippe Villin, qui dénonce le 25 avril 2016 dans une tribune au *Figaro* « la mise en scène d'une vie privée » d'Emmanuel Macron. Répandant également, selon les journalistes du *Monde* Raphaëlle Bacqué et Ariane Chemin, « ce qu'il appelle sans gêne le "Macron fake": la vie maritale de l'ex-ministre serait une façade, il dissimulerait ses inclinations profondes[1] ».

Quelques mois plus tard, le 4 février 2017, ce sera au tour de Nicolas Dhuicq de s'en faire très tranquillement le relais, auprès de l'agence de presse russe *Sputnik* ! « Concernant sa vie privée, ça commence à se savoir à l'heure où nous parlons », annonce celui qui est alors député LR. « L'un de ses soutiens est le célèbre homme d'affaires Pierre Bergé, un associé et amant de longue date d'Yves Saint Laurent, qui est ouvertement homosexuel et défend le mariage pour tous. Il y a un très riche lobby gay qui le soutient. Cela veut tout dire. » Des propos qu'il se défendra ensuite d'avoir tenus – tout en les réitérant – le 8 février, sur le plateau de « C à vous ». En cause, selon lui, une

1. Dans un article, « Les coulisses de la guerre contre Macron », paru le 14 novembre 2016.

incompréhension digne de *Lost in Translation*. « C'est simplement traduit. J'ai dit qu'il y avait un très riche lobby gay qui est derrière parce que je ciblais M. Bergé. Ça n'a rien à voir avec mes compatriotes homosexuels qui sont comme tout le monde. » C'est sûr qu'en VF, c'est beaucoup plus clair… Et dans l'hypothèse où quelqu'un, tout au fond de la salle, n'aurait pas saisi ses insinuations, Nicolas Dhuicq s'offre une dernière salve dans un reportage diffusé dans « C dans l'air » : « Sa vie privée le regarde, tout le monde la connaît. […]. Moi, ce que je n'aime pas, c'est qu'on nous tienne un roman qui n'est pas la réalité. » Fin de la démonstration du soutien de François Fillon.

En pleine campagne présidentielle, la droite jouerait-elle à amplifier les ragots ? Emmanuel Macron ne le démentira jamais… Tout en pensant très fort que d'autres, au sein même de son « camp », ont tout intérêt à le déstabiliser. Dans ce gouvernement dont le ministre de l'Économie s'extrait de plus en plus ostensiblement, on ne se gêne ainsi pas pour faire des commentaires. Aux autres étages de Bercy, on lui prête même des aventures avec certains membres du personnel ministériel, qu'ils soient chauffeurs ou officiers de sécurité. Mais au premier rang des soupçons d'Emmanuel Macron, il y a surtout celui qui est encore son N+1 : Manuel Valls. La presse le rapporte à l'époque, les proches du Premier ministre seraient les premiers à cancaner. Une hypothèse à laquelle Brigitte Macron a semblé réceptive, elle qui disait à ses amis craindre Manuel Valls pendant la campagne. Son mari en aurait été tout aussi convaincu. « Bien sûr qu'il savait d'où cela venait ! nous explique un membre de son staff. On en plaisantait le soir[1]. » Lorsque l'ex-chef du gouvernement perd la primaire de la gauche, Emmanuel Macron aurait d'ailleurs ironisé avec son entourage sur tous les montages photo qu'il n'aura jamais l'occasion de voir... Si ses équipes sont très gênées par ces rumeurs, le candidat n'y voit tout d'abord pas de problème politique. « Je crois que cela m'énervait beaucoup plus que lui au début, raconte un ami. Il blaguait même sur le sujet[2]. »

Éternels ragots

Les premières mentions d'une double vie ? Les Macron les traitent donc par le mépris. Lorsque Françoise Noguès, inquiète, presse son fils de démentir, le ministre lui oppose même que cela alimenterait les ragots. Quant à Brigitte, elle explique à qui veut l'entendre qu'elle

1. Entretien avec l'auteur, le 2 novembre 2017.
2. Entretien avec l'auteur, le 30 octobre 2017.

s'attend aux attaques en dessous de la ceinture. Et, en surface, elle balaie le sujet avec philosophie. « Le marigot, on se débrouille, on nage. Ou on coule ! aime-t-elle ainsi à déclarer. Mais je ne vais pas commencer à chougner. L'important, c'est la famille. Ça protège. C'est l'essentiel[1]. » Ajoutant souvent qu'elle ne compte pas s'attacher à ces malveillances. « Après tout ce par quoi on est passés… », conclut-elle. C'est vrai, ils ont déjà connu les ragots et les regards en biais… « Il y a vingt-cinq ans, ils ont vécu l'opprobre, la mise au ban, les quolibets. Ils en ont tiré une grande détermination, analyse Philippe Besson. Mais là, cela a pris des proportions nationales. L'ampleur de cette discrimination a sans doute changé la donne[2]. »

Car ces nouveaux assauts vont bientôt devenir intolérables à Brigitte. « C'est quelqu'un de très spontané, ajoute le romancier. Elle est sans filtre et donc parfois sans protection, ce qui est à la fois sa force et sa fragilité. Alors, en effet, elle a été déroutée et décontenancée par les attaques de la campagne. » Et elle ne s'accommode plus de la désinvolture de son mari – que l'on sait capable de rire aux éclats après avoir reçu un œuf sur la tête au Salon de l'agriculture.

1. Alix Bouilhaguet, *Le Couloir de Madame*, Éditions de l'Observatoire, 2017.
2. Entretien avec l'auteur, le 11 septembre 2017.

D'autant que Brigitte appréhendait en réalité ce type d'attaques d'ordre privé. Elle est bien placée pour mesurer la violence que la politique peut exercer sur une vie de couple. Amie de Valérie Trierweiler, elle a été choquée par sa répudiation. Elle a également été marquée par les bruits d'infidélité autour des Valls. En s'engageant aux côtés de son époux, elle s'attendait donc à être secouée par un monde qu'elle décrit comme « impitoyable »… Elle n'imaginait néanmoins pas recevoir les appels et lettres anonymes qui vont transformer pour elle la rumeur en clameur. « Votre mari se trouve en ce moment en compagnie d'un publicitaire », a-t-elle pu entendre en décrochant son téléphone. De quoi ébranler le stoïcisme de façade et lui donner envie de s'afficher en couverture des magazines… Puis de pousser Emmanuel Macron à un démenti clair et net. « Lui s'en moquait un peu, nous explique un proche. Mais elle était très vexée par ces allégations. C'était une femme blessée[1]. » En privé, elle admet ne plus parvenir à être aussi détachée que le lui réclame le ministre. Alors les éloquents silences font place à une retentissante réponse. « Emmanuel Macron a compris que cela blessait Brigitte et démentir était une façon de rappeler son amour pour sa

1. Entretien avec l'auteur, le 25 août 2017.

femme[1] », nous confirme Philippe Besson. La stratégie du couple ? Se rire méthodiquement de la rumeur. Tout le temps. Partout. Avec tout le monde.

Et c'est bien sûr d'abord auprès de leurs amis et connaissances qu'ils vont diffuser leur message. Désormais, plus un dîner ne se passe sans que l'un des deux n'évoque le sujet. Avec le style cash que beaucoup lui connaissent, la future première dame ne ratera ainsi pas l'occasion d'en parler à ceux qu'elle invite à Bercy. À en croire *Valeurs actuelles*, Jean d'Ormesson se serait beaucoup amusé du fait qu'elle n'ait mis que quelques minutes à lui signifier que son époux « n'est pas homosexuel[2] ». Elle n'hésitera pas non plus à parler de ce « pépé dans la rue » qui lui aurait lancé qu'« il n'est pas pédé, Macron », car lui « les sent, les pédés ! ». Du côté de son mari, le ton se fait un peu plus grave, mais l'implication est la même. « Un soir, alors que nous dînions avec quelques amis, Emmanuel a raconté qu'il était victime d'une sale rumeur concernant son couple, qu'il aurait une relation avec un homme, relatait l'acteur François Berléand. “Brigitte sait tout de moi, je ne vois pas comment je pourrais avoir une vie

1. Entretien avec l'auteur, le 11 septembre 2017.
2. « Brigitte Macron, la vice-présidente », le 20 juillet 2017.

parallèle", nous a-t-il dit avec naturel[1].» Mais une fois le naturel rodé, il est temps de passer à l'étape suivante...

Juste une mise au point...

Certains ont beau penser la rumeur cantonnée à un microcosme médiatico-politique, l'ex-ministre n'est visiblement plus de cet avis. Et si ses conseillers plaident pour le silence sur ce sujet, lui est désormais convaincu que ses démentis doivent s'adresser au plus grand nombre. Quitte à faire de la rumeur une information et autoriser les médias à énoncer clairement ce qu'ils taisaient jusque-là. Le premier round? Il a lieu dès le 2 novembre 2016, sur le plateau de l'émission «En direct de Mediapart». Emmanuel Macron n'est pas encore officiellement dans la course à la présidentielle (il y entrera quatorze jours plus tard), mais le suspense sur sa candidature n'est pas franchement haletant. Et il est donc venu esquisser son programme, et éclaircir, pourquoi pas, certains points plus personnels. Lorsque le journaliste Mathieu Magnaudeix lui demande s'il pense qu'un cabinet noir alimente des rumeurs sur sa vie privée, s'appuyant

1. *Gala*, «Brigitte Macron: ses amis du showbiz la racontent», le 23 novembre 2016.

sur un papier paru dans *L'Express* au sujet des « boules puantes » de sa campagne, le futur président ne manque pas l'opportunité de répondre. « Beaucoup de gens s'amusent à dire que j'ai une double vie. [...]. Que ceux qui s'amusent à faire ça se fatiguent parce que je ne changerai pas de vie pour eux. Je n'ai pas de double vie et je tiens plus que tout à ma vie familiale et à ma vie maritale. » Une séquence qui voit basculer la communication d'Emmanuel Macron sur le sujet... Le tout, avec des éléments de langage soigneusement choisis. Ce jour-là, il sait en effet que la question de la vie privée sera évoquée. « Il y avait des rumeurs, des insinuations, nous explique Mathieu Magnaudeix. Son équipe semblait mal à l'aise pour répondre, craignant d'alimenter les on-dit. Les journalistes n'osaient pas qualifier ces rumeurs et ne lui avaient pas posé la question directement, ce qui alimentait sur les réseaux sociaux toutes sortes de plaisanteries homophobes. En abordant avec Sylvain Fort [son conseiller en communication, *NdA*] les séquences de l'émission, je l'ai donc averti, sans entrer dans les détails, que je poserais une question sur la vie privée. C'est la première fois qu'il a dit : "Je n'ai pas de double vie[1]". » Une réplique sans équivoque, dont il aurait pu se contenter une fois pour toutes. Ce ne sera pas le cas.

1. Entretien avec l'auteur, le 25 août 2017.

Car le sujet n'est pas clos. Loin de là. Le soir du 6 février 2017, les soutiens d'Emmanuel Macron sont réunis au théâtre Bobino. L'événement est censé consister en un question-réponse entre les neuf cents « marcheurs » présents et quatre délégués du mouvement. Quand, soudain, le candidat, qui n'est pas prévu au programme, fait son entrée. Son but : rassurer l'auditoire sur la « rumeur désobligeante » qui n'a cessé d'enfler en ce début d'année. Depuis quelques jours, des e-mails la relayant ont été envoyés à plusieurs rédactions. Et les recherches associant les noms Emmanuel Macron et Mathieu Gallet ont explosé sur Google Trends, ce dont l'équipe d'En Marche !, en veille sur le sujet, est bien consciente. Sans compter que le fondateur de WikiLeaks, Julian Assange, a promis des révélations sur l'ex-ministre. Sur scène, celui qu'Atlantico a le jour même qualifié d'« Objet Sexuel Non Identifié » met donc le paquet. « Pour celles et ceux qui voudraient faire courir l'idée que je suis duplice, que j'ai des vies cachées, c'est désagréable pour Brigitte... Mais je vous rassure, comme elle partage tout de ma vie, du soir au matin, elle se demande simplement comment physiquement je peux faire, lance-t-il, sous le regard de sa femme en coulisses. Heureusement que je ne l'ai jamais rémunérée pour cela ! » Dans cette campagne paralysée par l'affaire Fillon, les Macron savent que la vie privée a intégré le débat public et ils sont bien décidés à évacuer le problème. « Donc si dans les dîners en ville, si dans les boucles de mails, on vous dit que j'ai une double vie avec Mathieu Gallet, c'est mon hologramme qui soudain m'a échappé. Mais ça ne peut pas être moi, je ne le connais pas », conclut-il, taclant par la même occasion la nouvelle ubiquité virtuelle de Jean-Luc Mélenchon. Le sketch divisera les amis du candidat. Mais la salle, hilare, applaudit à tout rompre, Brigitte Macron en tête. Et pour finir de rassurer son épouse, il s'offre un dernier démenti.

Troisième acte : en février, il donne aussi une interview au magazine gay *Têtu*, où il achève de mettre les points sur les *i*. « Il se trouve que je connais très mal Mathieu Gallet, je l'ai vu trois ou quatre fois et uniquement à titre professionnel lorsque j'ai fait des interviews à la radio. [...] Si j'avais été homosexuel, je le dirais et je le vivrais. » Un empressement à saper tout « Gallet Gate » qui a surpris le rédacteur en chef du mensuel, Adrien Naselli, face au candidat ce jour-là. Il nous confie son étonnement. « Je voulais lui demander pourquoi il éprouvait un tel besoin de mettre fin à des rumeurs qui, de mon point de vue, étaient très parisiennes. Mais il m'a répondu de manière assez virulente qu'on la relayait aussi en province, en prenant pour exemple la coiffeuse de sa chargée de presse qui lui en avait parlé. Cela m'a semblé relever d'une paranoïa un peu étrange, mais il semblait sûr de son fait. Sa réponse était en tout cas très bien amenée, puisqu'il y a glissé des éléments sur la misogynie potentielle de ces rumeurs[1]. »

Il est vrai que, dans *Têtu*, Emmanuel Macron s'insurge contre l'idée « qu'il n'est pas possible qu'un homme vivant avec une femme plus âgée soit autre chose qu'un homosexuel ou un gigolo cachés. Si j'avais eu vingt-quatre ans de plus, personne ne l'aurait pensé. »

Des attaques d'un autre âge

Une injustice qu'il n'oubliera d'ailleurs jamais de signaler. Que ce soit auprès de la presse française ou dans les colonnes du *Spiegel* allemand. Il faut dire qu'à l'international aussi, la rumeur a pris – en atteste l'étonnement du chanteur Boy George sur Twitter en apprenant que le candidat n'est pas gay ! Dans l'Hexagone comme à l'étranger, Emmanuel Macron devient alors le pourfendeur du machisme ambiant. « Cela montre le poids des représentations collectives, analysait-il dès novembre 2015 sur le plateau du "Supplément" de Canal+. Cela me

1. Entretien avec l'auteur, le 11 août 2017.

choque quand c'est blessant pour mon épouse. Parce que ça la blesse, donc ça me blesse. »

La misogynie ? Il en fait l'élément clé de la rumeur. D'autant que Brigitte Macron a une certaine expérience en la matière, elle dont l'âge est très vite devenu un sujet de moquerie nationale. Sur les réseaux sociaux, bien sûr, où les plaisanteries fusent, mais pas seulement. Car la différence d'âge des Macron s'affirme aussi comme la *lol story* incontournable des médias traditionnels. En quelques mois, Brigitte devient « mûre comme une poire à tarte », des mots de Tanguy Pastureau sur RTL, « Grand-mère sait faire un bon café », chez Laurent Gerra sur la même station, « croqueuse de minet » dans une chronique de *Libération* par Luc Le Vaillant, épouse d'un « gérontophile » selon Éric Brunet dans « Salut les Terriens ! », enceinte en couverture de *Charlie Hebdo*, grâce à un président qui « va faire des miracles »... Voire jeune mariée munie d'un déambulateur dans une vidéo d'animation du site taïwanais TomoNews. Aucune raillerie ne lui sera épargnée. Et maintenant que son année de naissance est bien connue – après avoir longtemps été une énigme pour certains journalistes, qui la rajeunissaient encore de cinq ans en septembre 2016 –, personne ne se privera plus d'en faire mention.

Ces sarcasmes l'ont évidemment blessée. Aux premiers journalistes qui lui ont consacré des portraits, en 2012, Emmanuel Macron avait d'ailleurs demandé de ne pas insister sur cet écart d'âge. « Ceux qui le soulignent n'ont rien compris à qui on était[1] », tranche Brigitte, expliquant n'avoir jamais vécu son couple dans la différence. Mais pendant la campagne, ses craintes se sont confirmées : l'épouse d'un politique est condamnée à « encaisser », comme elle le dit. Ses tenues sont aussi observées à la loupe, et largement raillées. Avec des commentaires qui, là encore, ne se cantonnent pas aux blogs féminins. Au lendemain de l'élection présidentielle, le très sérieux *Financial Times* la qualifie d'« Essex girl » (comprendre « bimbo »). Quelques semaines plus tard, en juillet, *L'Express* signale en légende d'un article sur ses débuts élyséens que « la première dame n'a pas renoncé à ses slims moulants ». Quant à la patronne du *Huffington Post*, Anne Sinclair, elle lui accorde les faveurs d'un passage entier au cœur de sa *Chronique d'une France blessée*[2]. Un livre dans lequel, *a priori*, on ne s'attend pas à ce que la journaliste politique parle chiffons. Mais elle y retranscrit une conversation très légèrement surréaliste avec Manuel Valls.

1. Anne Fulda, *op. cit.*
2. Grasset, 2017.

« N'ayant pas été à la cérémonie pour Michel Rocard aux Invalides, je veux me faire confirmer ce qu'on m'a rapporté : que Brigitte Macron – qui vient encore une fois de parler à *Closer*[1] – est arrivée dans une tenue trop habillée, avec des stilettos qui, sur les pavés de la cour d'honneur où l'hommage de la République était solennel, avaient davantage un air de Fashion Week que de recueillement devant le leader de gauche disparu. » Celui qui est alors Premier ministre ne répondra pas à cette question cruciale… À la lecture de ces lignes, Emmanuel Macron aurait, lui, vociféré.

Mais, de son côté, Brigitte reste fidèle à sa stratégie du sourire à tout prix. S'appuyant sur cette tirade du *Barbier de Séville* lorsqu'on la presse sur le sujet : « La calomnie ! Monsieur, vous ne savez guère ce que vous dédaignez ; j'ai vu les plus honnêtes gens près d'en être accablés[2]. » Pas question d'apporter de réponse immédiate et vengeresse. La première dame – qui n'a pas de compte Facebook ou Twitter – préfère se retrancher derrière Beaumarchais. Il est certain que c'est plus chic. « Elle prend la vie avec philosophie et beaucoup d'humour, nous explique son amie du Touquet Juliette

1. C'est faux. Brigitte Macron n'a, pour l'instant, jamais parlé à *Closer*.
2. Beaumarchais, *Le Barbier de Séville*, II, 8.

Bernard. Elle s'était préparée à tout cela. Alors elle n'est bien sûr pas insensible, mais elle s'y attendait et a pris les choses le plus dignement possible. Elle est armée pour cela[1]. » Pourtant, elle avoue avoir été secouée par la brutalité des attaques. « Mais j'ai fini par me dire : "Bon, tu les vis mal, mais tu te tais." Après, ça passe[2] », expliquait-elle à *Elle*.

Pour douloureuses qu'elles aient été, les moqueries ont de toute façon servi sa cause. Un vrai climat de solidarité se crée ainsi autour d'elle. « Ce qui fait sa popularité, c'est que les gens la voient comme une femme très forte mais qui a subi des blessures, des attaques, et qui en connaît encore[3] », reconnaît-on dans son cabinet. Elle n'a alors aucun besoin de s'indigner publiquement contre la misogynie à son endroit : journalistes et militantes féministes le feront pour elle. « Ce qui m'inquiète, c'est la perspective de me taper vos blagues sexistes sur Brigitte Macron pendant au moins cinq ans », résumera sur Twitter l'ancienne actrice porno Ovidie après la victoire. « Soutien républicain et féminin à Brigitte Macron, victime d'un déferlement de commentaires sexistes et misogynes. Franchement… la honte ! », écrit, dans un autre

1. Entretien avec l'auteur, le 16 août 2017.
2. « Appelez-moi Brigitte », *op. cit.*
3. Entretien avec l'auteur, le 26 septembre 2017.

genre, Valérie Pécresse. L'épouse du candidat a suscité au moins autant de messages de soutien que de critiques. Un engouement qui l'impose comme un atout de plus en plus clair pour son mari. Leur couple si fusionnel ? Ils vont en faire un argument de campagne. Emmanuel et Brigitte, Brigitte et Emmanuel : le feuilleton peut commencer.

Compagne présidentielle

Elle y a obtenu les larmes d'Arnaud Montebourg, les blagues de François Fillon et les jurons d'Alain Juppé. Alors quand Emmanuel Macron a déclaré sa candidature à l'élection présidentielle, Karine Le Marchand n'a plus eu qu'une idée en tête : le faire asseoir au plus vite sur son canapé-divan, pour recueillir quelques confessions. Malheureusement pour l'animatrice, le futur président est resté sourd à ses invitations, refusant d'apparaître dans « Une ambition intime ». « Ce programme relève de la téléréalité, pas de la politique. Il présente un intérêt voyeuriste mais il n'éveille aucune conscience citoyenne », jugeait-il dans *Un personnage de roman*. « Je n'aurais rien à livrer à une femme [...] qui pratique le croisé-décroisé sur un sofa[1]. » À croire qu'Emmanuel Macron a bien du mal à se dévoiler. Il dit même avoir

1. Philippe Besson, *op. cit.*

souffert de devoir le faire dans *Révolution* – ce livre dont la quatrième de couverture se compose d'une photo de lui, et rien d'autre. « Il y a des hommes politiques qui aiment parler d'eux, ce n'est pas mon cas[1] », résume-t-il. Une pudeur naturelle qu'il a pourtant réussi à surmonter… L'exercice du pouvoir peut bien exiger selon lui une certaine opacité, il n'en va pas de même de sa conquête. Car pendant la campagne, le candidat d'En Marche ! n'a pas tout à fait caché le tandem qu'il forme avec Brigitte !

À l'insu de son plein gré

« C'est une partie de son ambivalence, avance Philippe Besson. Celle d'un homme moderne qui a parfaitement compris la société du spectacle et sait qu'il devra montrer son couple[2]. » Son média préféré pour le faire ? *Paris Match*. Et si, en avril 2016, il qualifiait de « bêtise » leur première une à deux, il ne va pas se priver d'y revenir. « Je pense qu'il n'avait pas réalisé combien c'était transgressif de faire la couverture de *Paris Match* le jour de la grande émission télé du président de la République, analyse Bruno Jeudy, rédacteur en chef politique de

1. Marc Endeweld, *op. cit.*
2. Entretien avec l'auteur, le 11 septembre 2017.

l'hebdomadaire. Il a rétropédalé sous la pression de l'Élysée en expliquant qu'il regrettait et qu'en gros, sa femme s'était fait avoir. Mais cela n'était pas vrai et, sur le fond, nous savions très bien que nous n'avions aucun problème avec lui[1]. » La preuve : quatre mois plus tard, en août, le couple fait de nouveau la couverture du magazine, au cœur de ses « vacances en amoureux avant l'offensive » à Biarritz. Le candidat dira avoir été « poursuivi » par les photographes de *Paris Match*, mais les Macron ont en fait posé, épargnant à la rédaction l'utilisation de photos d'archives. Le ministre en short et polo, son épouse en maillot fleuri, avançant les pieds dans l'eau vers leur destin… La photo fera énormément parler, beaucoup moquant notamment cette communication très « sarkozyste ». Coïncidence ou pas : c'est l'ancien couple présidentiel que *Paris Match* comptait montrer cette semaine-là. « Notre objectif était plutôt de partir sur Nicolas et Carla Sarkozy, juste avant la primaire, se remémore Bruno Jeudy. Ils faisaient une couverture chaque été : Sarkozy sur une plage corse, Sarkozy sur un scooter… Mais là, il nous plante et décide de privilégier *Valeurs actuelles*. On a alors contacté Emmanuel Macron. » Un mal pour un bien, lorsque l'on considère le buzz que

1. Entretien avec l'auteur, le 30 août 2017.

fera ce numéro, grâce notamment à LA photo culte du reportage, montrant le couple saluant un naturiste (qui a également fait le baisemain à Brigitte). Prévenu par l'hebdomadaire, celui qui est encore à Bercy ne s'est pas opposé à la publication de ce cliché. Une façon comme une autre de se dévoiler aux Français…

Les couvertures suivantes seront plus habillées, question de saison, mais toujours travaillées. « En Marche ! avec Brigitte », dès novembre 2016 (avec des tenues d'un bleu coordonné), « La campagne de toutes les surprises », en février 2017… Avec quatre unes en un an, les Macron optent pour une stratégie d'une redoutable efficacité. « En France, la publicité politique est interdite, rappelle le communicant Philippe Moreau Chevrolet, patron de MCBG Conseil. Faire la couverture de *Paris Match* offre une campagne d'affichage légale, avec un magazine qui est en plus très diffusé en province. C'est extrêmement malin[1]. » De semaine en semaine, Brigitte Macron va un peu plus s'imposer au grand public, au sein d'une campagne dont les conjoints ont été assez absents. Gabrielle Guallar ? Elle ne s'affichera avec Benoît Hamon que peu avant le scrutin, heurtée par les polémiques autour de son poste

1. Entretien avec l'auteur, le 4 octobre 2017.

chez LVMH. Louis Aliot ? Son histoire avec Marine Le Pen ne passionne pas les foules. Quant à Penelope Fillon, elle a certes été très exposée, mais bien contre son gré… Dans ce contexte, Emmanuel Macron a créé l'exception par la médiatisation de son couple. Et affirmé sa différence avec François Hollande, président sans première dame depuis trois ans.

Au fil des mois et des interviews, Brigitte est donc devenue un argument électoral. Surtout que, dans leur rencontre, tous les ingrédients sont réunis pour servir le *storytelling* du candidat. Son histoire personnelle prouvera sa détermination politique. Comment la France saurait-elle résister à l'ex-lycéen qui a conquis sa prof mariée ? Pourquoi le pouvoir de conviction déployé pour amadouer ses parents laisserait-il de marbre les électeurs ? « En matière de communication, le tour de force d'Emmanuel Macron, c'est de retourner le stigmate. “Mon couple est une exception ? C'est que je suis exceptionnel !”, analyse le sociologue Éric Fassin. Loin d'être embarrassante, la situation devient ainsi la marque de sa liberté, affranchie des conventions[1]. » Sans pour autant donner une image aventureuse. Car passé la conquête, Emmanuel Macron est resté avec sa

1. « Le phénomène Brigitte Macron », *L'Obs*, le 25 mai 2017.

femme, s'inscrivant dans une vie conjugale de vingt ans. Un véritable gage de constance pour celui dont la jeunesse pouvait inquiéter. « Brigitte Macron lui donne un passé, une assise, de l'expérience, confirme Philippe Moreau Chevrolet. De l'épaisseur[1]. » Bref, une fougue fidèle et constructive que le candidat a lui-même formulée, pour mieux la clarifier. « L'idéalisme, ce n'est pas une rêverie, c'est une exigence, insiste-t-il. Mon histoire personnelle est empreinte de cela. Quand mes amis menaient une vie estudiantine, j'étais déjà dans une vie de famille, j'ai dû gagner ma vie plus tôt que les autres. Tout le monde me disait que c'était impossible. Mais je suis déterminé[2]. » Et cette vie de famille chèrement acquise, les Macron vont également la mettre en avant.

Une affaire de famille

« C'est quoi ? C'est une poule ? » Avril 2016, le ministre est « surpris » en pleine chasse aux œufs pascale, l'un de ses sept petits-enfants dans les bras. Le couple a ouvert les portes de sa maison du Touquet au réalisateur Pierre Hurel pour partager ce moment intime, qui sera

1. Entretien avec l'auteur, le 4 octobre 2017.
2. Nicolas Prissette, *op. cit.*

intégré au documentaire *Ainsi soit Macron*. Les trois enfants de Brigitte sont présents, eux qui font pleinement partie de ce parcours souvent retracé. Emmanuel Macron a même parfois souligné la singularité de cette tribu recomposée pour emporter des débats politiques. « Je n'ai pas de leçon à recevoir sur la famille et la notion de famille. J'ai ma propre famille, elle n'est pas classique non plus », répondait-il sur BFMTV le 24 février 2017 à Christiane Taubira, qui s'insurgeait contre ses propos sur les « humiliés » de La Manif pour tous. Durant la campagne, le candidat reprendra plus d'une fois cet argument. Il est d'autant plus marquant que les enfants de Brigitte affichent leur appui. Tiphaine s'engage très tôt aux côtés de son beau-père, montant un comité de soutien dans sa ville de Saint-Josse… L'avocate explique même que le nom « En Marche ! » est une trouvaille familiale. Plus discrets, les deux aînés, Sébastien et Laurence Auzière, se laisseront aussi convaincre d'apparaître dans les derniers meetings de campagne.

Outre ses enfants, Brigitte Macron a également mobilisé les Trogneux. Dès le 6 avril 2016, ils étaient bien placés dans cette salle du centre des congrès d'Amiens, pour assister au lancement d'En Marche !. Depuis des semaines, Jean-Alexandre Trogneux, le neveu de l'enseignante et patron de la chocolaterie, annonçait à ses relations que son oncle allait frapper un grand coup. Et pendant toute cette ascension, le clan de Brigitte sera beaucoup plus présent que celui d'Emmanuel – dont le père, le frère et la sœur resteront longtemps quasiment invisibles. Mais concernant la communication du candidat côté privé, c'est de toute façon son épouse qui gère. Si elle s'exprime peu dans les médias, l'ancienne attachée de presse diffuse la bonne parole hors caméras. Dans les déplacements de campagne, elle assure par exemple parfois le service après-vente auprès de la presse écrite. De quoi en faire dans l'esprit de certains un vrai *spin doctor* pour Emmanuel Macron. « Un *spin doctor*, c'est quelqu'un qui construit un récit à partir d'éléments éparpillés pour donner du sens à une candidature politique, rappelle Philippe Moreau Chevrolet. Selon moi, Brigitte Macron joue ce rôle pour son mari. Elle le coache depuis le début, pense ses mises en scène, construit sa façon de parler en public et son récit personnel. Je pense qu'elle fait un travail assez fantastique. Quel conseiller pourrait entrer mieux qu'elle dans l'intimité d'Emmanuel Macron, et penser comme lui[1] ? »

1. Entretien avec l'auteur, le 4 octobre 2017.

Concrètement, c'est elle qui confie la gestion de leur image à Michèle Marchand, papesse de la presse people – celle-ci continue d'ailleurs de lui rendre une visite hebdomadaire à l'Élysée. Elle aussi qui aurait fourni le film de leur mariage aux équipes du documentaire *La Stratégie du météore*, à la grande surprise de leur entourage. Le candidat niera avoir prêté ses archives personnelles mais son épouse ne semble en tout cas pas mécontente de leur diffusion. « Au moins, on ne pourra pas dire que notre couple est bidon[1] », commente-t-elle à Philippe Besson. C'est enfin Brigitte qui a insisté pour apparaître dans *Paris Match*, à en croire ce que souffle alors à plusieurs journalistes la garde rapprochée d'Emmanuel Macron. Son équipe fait mine de s'en amuser, mais elle déplore cette peopolisation, expliquant vouloir calmer le jeu pour ne pas « trivialiser » la parole du candidat. Certains stratèges de campagne auraient-ils été agacés par l'influence de la future première dame ? Sans aucun doute. « Une conseillère m'avait par exemple dit : "Il y a ce que l'on fait, et il y a Brigitte", nous confie un proche du couple. Et l'existence de cette zone de non-droit, sur laquelle ils n'avaient aucun contrôle, était pour eux insupportable. Dans un monde idéal, ils auraient

1. Philippe Besson, *op. cit.*

voulu représenter le seul accès au candidat[1]. » Une jalousie que confirme le sénateur François Patriat, rallié de la première heure à En Marche !. « Avant, j'échangeais chaque semaine un SMS à 1 heure du matin avec lui. C'est fini, expliquait-il peu avant le scrutin présidentiel. Il est entouré d'une armée de jeunes conseillers qui veulent le garder pour eux. Du coup, je passe par Brigitte. Elle me dit : "Écris-moi un mot, je lui montrerai ce soir[2]." » Elle est d'ailleurs restée en contact très fréquent avec l'ex-ministre de soixante-quatorze ans, s'inquiétant de sa santé depuis un grave accident de voiture en septembre 2016. Des rapports de confiance qu'elle entretient aussi avec le futur ministre de l'Intérieur Gérard Collomb, ou plutôt « mon Gérard », comme elle l'appelle.

Une campagne sous tension(s)

Avec quelques-uns des jeunes conseillers de son mari, les relations sont plus difficiles – c'était déjà le cas à Bercy. « Certains considéraient qu'elle n'avait pas à être là, que c'était un homme et non un couple qu'on élirait[3] », poursuit ce proche des Macron. Avec Ismaël

1. Entretien avec l'auteur, le 3 septembre 2017.
2. *Le Monde*, paru le 18 avril 2017.
3. Entretien avec l'auteur, le 3 septembre 2017.

Emelien, les rapports ne seraient ainsi pas toujours harmonieux. Cet ex de chez Havas est pourtant un membre clé du dispositif macronien. C'est avec lui qu'à l'été 2014, le candidat devait monter une société spécialisée dans l'éducation. Il le rejoindra ensuite à Bercy en tant que conseiller communication, sera l'un des principaux artisans du lancement d'En Marche !, puis héritera du poste très envié de conseiller spécial à l'Élysée. Mais ce trentenaire d'une extrême discrétion – qui n'aime pas être l'objet de portraits dans la presse – ne fait pas partie des proches de la médiatique Brigitte Macron. Selon un article paru dans *Marianne* en octobre 2017, celle-ci aurait même rencontré début 2016 plusieurs candidats pour tenter de le remplacer au ministère de l'Économie. Et ces relations compliquées ne vont pas s'arranger durant la campagne. En cause notamment, la spontanéité de l'ex-prof, qui fait trembler ce pro de la communication, comme d'autres membres d'En Marche !. La voir se lier d'amitié avec Claire O'Petit, l'incontrôlable polémiste des « Grandes Gueules », devenue députée LREM, ne les a par exemple que modérément amusés. Lors du meeting de la Mutualité, en juillet 2016, Brigitte était allée lui demander un T-shirt de l'émission de RMC, dont elle est fan ! Et depuis, toutes deux sont restées en contact régulier. Derrière les « Voltaire-Flaubert-Leibniz a dit que » dont l'ex-prof ponctue chaque interview, se cache un penchant pour la gouaille.

Fin 2016, alors que la journaliste Gaël Tchakaloff suit le candidat et son épouse, certains craignent aussi que Brigitte ne se montre trop bavarde. Son précédent livre, *Lapins et Merveilles*[1], sur la campagne d'Alain Juppé, grouillait de confidences familiales qui avaient contrarié le maire de Bordeaux, et l'équipe d'En Marche ! pressent la catastrophe. « Brigitte aime jouir de sa liberté, elle n'a pas vraiment de retenue, ose alors un conseiller d'Emmanuel Macron. Elle ne se rend pas compte de ce qu'elle est vraiment et surtout de l'image qu'elle renvoie[2]. » Avant même d'entamer 2017, leur résolution est donc claire : la tenir à l'écart. Ce qu'elle accepte dans un premier temps, se mettant « en réserve de la République » comme le dit son entourage. Elle répète alors à qui veut l'entendre qu'elle est la « femme du candidat, rien de plus », et qu'elle n'est « pas omniprésente ». Pour mieux le prouver, elle l'accompagne plus rarement en meeting. Parmi les confessions qu'elle glissera – quand même – à Gaël Tchakaloff, elle avoue « faire attention de ne pas trop se montrer[3] ». Lorsqu'en décembre 2016 son mari effectue un

1. Flammarion, 2016.
2. *Challenges*, « Brigitte Macron, fusionnelle », art. cit.
3. Gaël Tchakaloff, *Divine Comédie*, Flammarion, 2017.

déplacement en Bretagne, Brigitte se contente de le rejoindre le soir à l'hôtel, sans assister au meeting du jour. « Elle s'est faite discrète bien qu'en réalité elle ne soit jamais sortie du jeu », conclut notre source. D'autant que tous sont obligés de reconnaître, même à contre-cœur, qu'elle est le ticket gagnant d'Emmanuel Macron.

Brigiiiiiiiiitte !

Les conseillers les plus réticents ne peuvent nier sa popularité, depuis les meetings où elle est aussi scrutée que le candidat, aux rues qui résonnent de « Brigiiiiiiitte » sur son passage. Un engouement qu'a pu mesurer Marlène Schiappa. Engagée très tôt auprès d'Emmanuel Macron, la secrétaire d'État chargée de l'Égalité entre les femmes et les hommes a suivi toute la campagne. « Où que j'aille, de nombreuses femmes me parlaient d'elle, nous raconte-t-elle. Je me souviens de l'une d'elles qui, après un meeting, m'avait dit être déprimée parce que son mari l'avait quittée et qu'elle avait du mal à retrouver du travail à plus de cinquante ans... Et elle m'a expliqué qu'au milieu de tout cela, Brigitte Macron lui redonnait le sourire, car c'est une femme inspirante, libre, qui choisit sa vie. Des témoignages comme ça, j'en ai reçu des dizaines, de femmes qui se projettent et ont tissé un lien affectif avec elle[1]. » Les selfies, c'est à elle qu'on les réclame souvent. On lui demande parfois même de dédicacer le livre de son mari, *Révolution*. Tout en signalant qu'elle ne l'a pas écrit, elle s'exécute, sourire aux lèvres. Elle a tant relu ces pages, les a tellement corrigées, qu'elles sont un peu à elle aussi… Et puis de toute façon, « Brigitte, c'est moi. Et moi, c'est elle », comme aime à le rappeler Emmanuel Macron. Sur un plan personnel, mais aussi désormais professionnel.

Après quelques semaines de discrétion, elle reprend donc pleinement sa place. Officiellement, elle n'est que l'épouse du candidat. Celle qui s'inquiète de son look et va choisir pour lui dans le Sentier ses costumes à « 340 euros, retouches comprises » chez Jonas et Cie. « Le costume, il est niqué ? », s'enquiert-elle tout de suite lorsque Emmanuel Macron reçoit un œuf au Salon de l'agriculture. Elle se fait aussi garante de son régime alimentaire, lui interdisant de « manger des saloperies ». « Bon d'accord, donnez-moi de l'eau[2] ! », s'exécute le futur président, lorsque sa femme lui refuse des chocolats après le débat du 20 mars. Pendant toute

1. Entretien avec l'auteur, le 15 septembre 2017.
2. Une scène du documentaire *Emmanuel Macron. Les coulisses d'une victoire*, de Yann L'Hénoret, 2017.

la campagne, elle veillera enfin sur son agenda, l'allégeant dès que possible – « c'est trop short ! », répète-t-elle – et s'assurant qu'il ne prend pas de retard sur son planning. « Après un meeting, à Dijon, ils étaient pour une fois parfaitement dans le timing. Ce qui est rarissime avec Emmanuel Macron[1] !, raconte le journaliste Bertrand Delais, qui a suivi le couple des mois durant pour réaliser le documentaire *Emmanuel Macron, en marche vers l'Élysée*. « Lui a alors voulu rester discuter car il se disait en avance, ce à quoi elle a répondu : "Non, on est à l'heure. Être en avance, c'est un truc que je n'ai jamais vécu avec toi." » Certes, elle ne parvient pas à lui imposer les plages de déconnection numérique dont elle serait partisane ; mais, pour le reste, Brigitte Macron obtient gain de cause. « Il faut que je sois là, quand même, pour qu'il mange correctement, dorme suffisamment[2] », justifie-t-elle. Une attention qu'elle accorde d'ailleurs à d'autres, selon le récit que nous fait Ahmed Eddarraz. Ce buraliste de Millau, très tôt engagé dans En Marche !, a rencontré Brigitte Macron en août 2016, lors de la visite par le couple du musée Soulages de Rodez. Entre eux, l'amitié a été immédiate et à la demande de Jean-Marie Girier, le directeur de campagne

1. Entretien avec l'auteur, le 1er septembre 2017.
2. Gaël Tchakaloff, *op. cit.*

d'Emmanuel Macron, il l'a ensuite accompagnée pendant neuf mois, dans tous ses déplacements. « C'était une maman avec l'équipe, précise-t-il. Je me rappelle l'un de nos premiers voyages. Elle m'avait demandé de lui parler de ma famille, et nous avions appelé mes parents pour qu'elle leur dise un mot. Elle s'intéresse sincèrement aux autres. De même, lors des repas, elle se refusait à manger tant que tout le monde n'était pas servi. C'était assez surréaliste de voir la future première dame avec un risotto à moitié froid. Mais elle s'adapte à tout, et veillait surtout à ce que chacun se sente bien[1]. »

Mais les missions de Brigitte ne s'arrêtent pas là. Bien qu'absente de l'organigramme, elle est une collaboratrice à part entière. Et si elle n'a pas de bureau au QG d'En Marche !, les « helpers » l'y ont vue chaque jour. « Elle n'a jamais eu de rôle officiel parce qu'elle n'en voulait pas, explique Bertrand Delais. Mais elle est indispensable à Emmanuel, et il le sait. Il le pense comme cela. Il l'associe à toutes les choses qu'il considère importantes[2]. » La « reine du débriefing », comme elle se surnomme, est plus que jamais à l'œuvre. La place de choix en réunion ? C'est à côté de Brigitte, pas de son

1. Entretien avec l'auteur, le 1er novembre 2017.
2. *Ibid.*

mari, raillent même certains. Celle qui s'était engagée pour « préserver leur vie à deux » est surtout une conseillère très écoutée. Elle est ainsi impliquée dans le processus de recrutement, s'entretenant de plus en plus souvent avec les candidats à l'embauche. Officiellement, pour avoir « un feeling avec l'équipe », comme le disent les communicants d'En Marche !. Mais son influence dépasse tout de même le simple « feeling », lorsqu'elle déjeune par exemple avec les futurs ministres Jean-Michel Blanquer et Françoise Nyssen. Ou qu'elle s'improvise chasseuse de têtes avec Jean-Paul Delevoye, ancien ministre chiraquien puis médiateur de la République. Assise à ses côtés lors du meeting lillois du 14 janvier 2017, elle lui glisse qu'ils auraient « besoin d'un homme comme lui » pour gérer les futurs élus En Marche !. Deux semaines plus tard, cet ancien élève de La Providence devient officiellement le « Monsieur Législatives » d'Emmanuel Macron. Voilà une case de plus à cocher sur les « listes de courses » remises à Brigitte par son mari, pleines de livres à lire ou de gens à rencontrer pour lui.

Autre champ d'action : les discours. Emmanuel Macron s'est jadis rêvé acteur, s'inscrivant pendant ses études parisiennes à la classe libre du cours Florent et passant même des castings de cinéma. Il a toutefois besoin d'être mis en scène. « C'est trop long », « marque les étapes », « on ne voit pas le cheminement », « je me suis ennuyée », « monte ta voix »... Plus de vingt ans après *L'Art de la comédie*, Brigitte redevient sa prof de théâtre, qu'il cherche du regard en montant sur scène. Sa correctrice, également, s'efforçant de simplifier ses propos. « Si je ne comprends pas, personne ne comprendra », a-t-elle pris l'habitude de lui dire lorsqu'il enchaîne les concepts trop obscurs. Allô Jupiter ? Ici la Terre. « Il est très intellectuel, résume Bertrand Delais. Elle l'aide à vulgariser sa pensée, à être le plus accessible possible[1]. » Celui qu'elle a comparé au fil de la campagne à Jeanne d'Arc, Jésus et Ségolène Royal a besoin d'un modérateur. Et ce rôle-là, elle seule peut le tenir.

En marche rapide

Un lien avec la réalité qu'elle lui assure aussi par sa présence sur le terrain. Pendant des mois, elle va jouer les « éponges », comme elle se qualifie elle-même, en multipliant les discussions dans les déplacements de campagne. « Elle n'a jamais cherché à devenir une conseillère occulte. En revanche, elle a eu un

1. *Ibid.*

rôle politique indirect en recueillant l'humeur des Français, analyse Philippe Besson. C'est elle dont ils criaient le prénom et qu'ils allaient voir. Les choses intéressantes, ils les ont dites à Brigitte, et elle ne les a jamais traitées à la légère. Chaque soir, elle répercutait à son mari ces colères et ces espoirs[1]. » Les anonymes ne seront pas les seuls à lui demander de passer des messages. Ainsi, Marc-Olivier Fogiel aurait évoqué avec elle la question de la PMA. « Si je devais écrire un livre, cela s'appellerait "Vous le direz à votre mari !" », plaisante-t-elle souvent. Une position qu'elle a elle-même favorisée en développant son propre agenda. « Ce n'est pas une oisive dans l'âme, explique Bertrand Delais. Et puis elle voulait être utile. Je pense que cela lui permettait aussi de mieux vivre le stress de cette période[2]. » Première dame dès la campagne, Brigitte Macron déroule son programme, distinct de celui du candidat : en marge de nombreux déplacements, elle prend rendez-vous avec des associations. Certaines choses se disent plus facilement à une femme, justifie l'équipe d'En Marche !. Le 17 février 2017, à Carpentras, elle préfère ainsi rencontrer l'équipe de Rhéso, une association d'aide aux femmes victimes de violences, plutôt qu'écouter

1. Entretien avec l'auteur, le 11 septembre 2017.
2. Entretien avec l'auteur, le 1er septembre 2017.

le discours prononcé par son mari à la mairie. « J'ai découvert pendant la campagne la souffrance des autres, admet-elle. Ils se disent que je vais peut-être pouvoir faire quelque chose pour eux, alors ils me parlent assez librement[1]. » Ahmed Eddarraz a été le témoin de ces dialogues. « Je me souviens par exemple d'un moment très fort, à Lyon, dans un centre de cancérologie. Elle était très sensible à la chose, ses yeux brillaient, des larmes en coulaient même parfois. Une visite à une association de femmes africaines, à Bordeaux, a également été une expérience marquante. Mais elle tenait toujours à le faire sans caméras[2]. » Une manière de « prendre le pouls » sans pression médiatique, pour ses hôtes comme pour elle. « À Marseille, elle a aussi voulu aller à la cité Félix-Pyat », reprend Ahmed Eddarraz. Située dans le quartier de Saint-Mauront, il s'agit de l'une des cités les plus pauvres de France. « L'une de ses amies vit là-bas et voulait lui montrer les problèmes de ce quartier, pour qu'elle en parle à son mari. Nous nous y sommes rendus à trois, sans escorte ni médias. Au début, les habitants ont été très surpris en la reconnaissant. Mais ils ont été ravis de lui parler. Les gens étaient de toute manière toujours contents de sa venue car

1. Alix Bouilhaguet, *op. cit.*
2. Entretien avec l'auteur, le 1er novembre 2017.

elle n'est pas dans le jugement et elle les écoutait longtemps, refusant les passages éclair[1]. »

Ces rencontres restent parfois sans effet immédiat. En janvier 2017, lors d'un déplacement à Hellemmes dans le Nord, les Macron s'attardent auprès de l'association Artemo La Fabrique d'art et de mots, qui développe notamment des livres à compléter pour les enfants. L'ex-enseignante est intéressée par le concept et la responsable de la structure lui offre donc un exemplaire pour que son mari le remplisse avec ses petits-enfants. Lorsque nous la contactons six mois plus tard, elle n'a pas eu de nouvelles, bien qu'elle juge le moment intéressant. Mais la position particulière de Brigitte Macron pendant la campagne – entre porte d'entrée et lanceuse d'alerte – l'a en tout cas aidée à contribuer à l'élaboration du programme présidentiel. Synthétisant la masse d'informations accumulées, elle a pu intervenir dans les domaines qui la touchent et où elle se trouve une légitimité : le handicap, la culture – lorsque Emmanuel Macron réunit ses équipes autour du Pass Culture, elle est là pour intervenir… L'éducation aussi bien sûr, où l'ex-enseignante fait entendre à son mari ses convictions « plus réac » que les siennes. Ou

1. *Ibid.*

encore l'égalité femmes-hommes, à laquelle elle s'est tout de suite dite très sensible. À cet égard, le happening du 8 mars 2017 est révélateur. En cette Journée des femmes, Emmanuel Macron a organisé un meeting « Elles marchent » au Théâtre-Antoine. L'occasion de clamer son engagement pour l'égalité salariale et contre les violences faites aux femmes… Et d'affirmer plus que jamais le binôme qu'il forme avec son épouse. « Beaucoup ont été choqués dans cette campagne quand Brigitte est apparue », dit-il, dénonçant l'« hypocrisie » de considérer que « celui ou celle qui va à l'élection ne partage sa vie avec personne ». Suit une longue déclaration à sa femme, qui l'a rejoint sur scène et « à qui [il] doit énormément parce qu'elle a contribué à faire qui [il] est ». Quelques semaines plus tard, il ne nommera finalement pas une femme Premier ministre, comme il l'a alors laissé entendre. Mais, le 8 mars, il a en tout cas précisé la place très particulière de celle qui est sa première adjointe.

L'illustration du « couple égalitaire » que dépeignent leurs proches ? D'autres préféreront y percevoir la preuve d'un opportunisme de Brigitte, qui aurait poussé son mari à se présenter au plus vite. Après tout, ne disait-elle pas à ses amis qu'« il faut qu'il y aille en 2017 parce qu'en 2022, son problème, ce sera ma gueule[1] » ? François Hollande lui-même l'aurait soupçonnée d'être en partie derrière l'appétit de son ministre. Et dire qu'en plus, Valérie Trierweiler aurait comploté avec elle ! En mai 2016, l'ex-*First Girlfriend* tombe en effet sur Brigitte Macron déjeunant à La Société, un resto chic de Saint-Germain-des-Prés[2]. « Il faut absolument qu'Emmanuel y aille », aurait plaidé la journaliste. Réponse de son interlocutrice ? « Oui, il faut qu'il y aille, c'est maintenant. » Valérie Trierweiler démentira sur Twitter la teneur de ce dialogue, mais sa lecture a en tout cas dû faire bondir François Hollande. Les premières dames, son premier drame…

En la voyant, dès le soir du premier tour, monter à la tribune, certains ne douteront plus de son ambition. « À ce moment-là, il y a eu une espèce de rappel à l'ordre dans les réactions politiques et médiatiques », relève le sociologue des médias Jamil Dakhlia. « L'épouse d'un candidat n'a pas été élue par les Français. Mais Emmanuel Macron a imposé dès le départ l'équipe qu'il forme avec elle. Leur couple a été beaucoup plus mis en avant que lui tout seul. C'est

1. Nicolas Prissette, *op. cit.*
2. La scène est retranscrite dans Cyril Graziani, *Le Premier Secrétaire de la République*, Fayard, 2016.

frappant et assez exceptionnel[1]. » Le moment le plus applaudi de ce discours du 23 avril ? Il intervient d'ailleurs lorsque Emmanuel Macron rend hommage « à Brigitte, toujours présente et encore davantage, sans laquelle je ne serais pas moi ». Sauf que, de l'avis de ses proches, elle aurait assisté beaucoup plus que drivé son mari. Elle l'avait toujours imaginé en écrivain, pas en politique. Et à tout prendre, elle aurait préféré qu'il reste dans la banque d'affaires.

« Elle a suivi Emmanuel par amour », suggère Bertrand Delais. « Mais elle ne s'était pas préparée une demi-seconde à être femme d'un président de la République[2]. » Une situation dont elle n'a surtout vu que les inconvénients, selon ses proches. Le regard des médias, par exemple : « Je ne peux plus rien dire ! », déplore-t-elle en voyant certaines de ses blagues prises au sérieux par des journalistes. Et, à plusieurs occasions, celle qui se dit d'une nature angoissée a manifesté son impatience à voir la fin de la campagne. « Pour l'instant, c'est moi qui subis ! », plaisante-t-elle le 4 octobre 2016, quand Emmanuel Macron tient un meeting sur « la France qui subit » à Strasbourg. Lorsque les

1. Entretien avec l'auteur, le 28 novembre 2017.
2. Entretien avec l'auteur, le 1er septembre 2017.

équipes d'En Marche ! lui demandent de se faire discrète, elle explique même que c'est « un bonheur de disparaître ». « Ce n'est pas une femme qui a envie d'être sur la scène publique[1] », confirme son amie Juliette Bernard. D'autant que la campagne ne sera pas un long fleuve tranquille, qu'elle déchaîne les moqueries ou essuie parfois les colères. « Vendue ! », lui hurle-t-on ainsi au visage après les propos de son mari sur la colonisation qualifiée de « crime contre l'humanité ». Elle qui a été très choquée du sort réservé à Penelope Fillon a aussi pris sa part de vindicte.

« Elle n'a fini par admettre que tardivement qu'elle risquait de devenir première dame », se souvient Philippe Besson. « Elle a alors lu quelques livres sur le sujet et a été saisie d'inquiétude[2]. » Au cœur de la campagne, elle avoue même à l'écrivain que « s'il échoue, ce n'est pas un drame. La vie continuera ». Le 7 mai, elle se trouve néanmoins à ses côtés pour attendre les résultats. « Quand j'ai vu le visage d'Emmanuel apparaître à la télévision, j'ai pris conscience et là… l'inquiétude », confie-t-elle. Un sentiment qui la poursuit ce soir-là quelques heures. « J'étais au Louvre et je le voyais avancer… J'étais totalement saisie, c'était comme un

1. Entretien avec l'auteur, le 16 août 2017.
2. Entretien avec l'auteur, le 11 septembre 2017.

dédoublement. Et puis, mes enfants sont venus me chercher : « Bon, il faudrait peut-être que tu montes. » J'ai dit : « Non, non, je reste en bas. » [...] J'avais envie de pleurer[1]. » Malgré ce vertige des sommets, elle va pourtant devoir se remettre en marche : on l'attend à l'Élysée.

1. *Elle*, « Appelez-moi Brigitte », *op. cit.*

La vie de château

« Ce soir, comme ma sœur Marguerite, j'entre dans les ordres. » Le 19 mai 1974, Anne-Aymone Giscard d'Estaing vient d'apprendre que son mari a conquis l'Élysée. Et, en cet instant précis, sa joie semble somme toute assez mesurée… L'intuition initiale se confirmera chaque jour un peu plus. Son envie, après être devenue première dame ? « Ne plus l'être ! », comme elle l'avouait elle-même. À croire qu'il règne sur le palais une forme de fatalité. Car Anne-Aymone Giscard d'Estaing n'a pas été la seule à se sentir prisonnière de ces lieux, qu'elle n'habitait pourtant pas. « Nous voilà donc en meublé ! », s'était écriée avant elle Yvonne de Gaulle. D'autres seront plus sévères encore. Pendant cinq ans, Claude Pompidou y a vu un « couvent », une « prison », ne consentant à dormir dans cette « maison du malheur » que deux nuits par semaine, pour mieux se retrancher le reste du temps dans son appartement privé de l'île Saint-Louis... Danielle Mitterrand, elle, avait choisi de ne pas s'y installer du tout, un exemple suivi par Cécilia Sarkozy puis Carla Bruni-Sarkozy. Cette dernière avait été bien conseillée par Bernadette Chirac qui lui avait enjoint de fuir « ce palais de glace où tout se sait », forte des douze années passées à y batailler. La chanteuse ne vivra néanmoins pas bien ses quatre années de règne, même à distance. « L'Élysée ? Je suis heureuse que ce soit terminé », aurait-elle assené à Valérie Trierweiler, le jour de la passation de pouvoir entre Nicolas Sarkozy et François Hollande[1]. « Une période trop difficile », poursuit alors Carla Bruni. « J'avais envie de me terrer pour échapper à la méchanceté et la brutalité des photographes et de la presse qui ciblaient mes moindres gestes. Ils n'attendaient qu'un faux pas de ma part. Trop de cruauté. » La journaliste le mesurera pleinement, finissant par haïr ce « lieu écrasant ». Un mal-être que nous résume le journaliste Robert Schneider, auteur d'un ouvrage sur le sujet, *Premières Dames*[2] : « La grande difficulté est qu'elles se retrouvent isolées, et souffrent d'un sentiment d'enfermement. Le tout, avec un mari qui devient

1. Une scène rapportée par Patrice Biancone, ex-chef de cabinet de Valérie Trierweiler, dans *La Malédiction de l'Élysée*, Le Cherche Midi, 2017.
2. Aux éditions Perrin, 2014.

lui-même plus distant par la force des choses, parce que très pris. Globalement, toutes disent avoir mal vécu les années passées au pouvoir[1]. » Bienvenue à l'Élysée, un véritable château de conte de fées !

La fatalité de l'Élysée ?

En y arrivant, le dimanche 14 mai 2017, Brigitte Macron connaît bien ces écueils. Son mari lui a tout raconté de cet endroit corseté. Pendant les deux ans qu'il y a passés comme secrétaire général adjoint de la présidence, il s'était efforcé d'en détendre l'ambiance, enchaînant par exemple un jour vingt pompes pour amuser ses collègues. Mais il sait bien que François Hollande n'a pas aimé y vivre, lui qui voulait initialement rester, « normalement », dans son appartement du XVe arrondissement. Pendant la campagne, l'ex-enseignante s'est en outre documentée, parcourant les ouvrages sur celles qui l'ont précédée. « Elles n'y ont pas été très heureuses ! », lance-t-elle à ses proches. Et au cas où elle n'aurait pas complètement imprimé, quelques bonnes âmes la mettront en garde sur les cinq ans de malheur qui l'attendent. « Madame Macron, soyez prudente », lui glisse

1. Entretien avec l'auteur, le 25 septembre 2017.

un passant le 11 juin, au Touquet, où elle est venue voter au premier tour des législatives. « Parce qu'il y a une malédiction à l'Élysée, vous savez ? Les premières dames disparaissent quelques mois après l'élection. » Cécilia Sarkozy et Valérie Trierweiler ne s'y sont en effet pas éternisées… « Ouh là là, on va conjurer ! », lui répond en riant la nouvelle venue. Brigitte Macron ne compte pas se laisser hanter par les spectres du palais. Dès l'élection, elle n'a pas hésité à quitter l'appartement qu'elle louait avec son mari dans le VIIe arrondissement – après la vente de leur bien du XVe, fin 2015, pour près d'un million d'euros. Et elle s'est installée, apparemment avec enthousiasme, dans les 300 m^2 du logement présidentiel. « J'ai plutôt senti l'empreinte des femmes qui y ont vécu et je pense qu'elles ont aussi connu des moments heureux ici[1] », raconte-t-elle, trois mois après son emménagement… boostée sans doute par la conviction que « l'inquiétude nous permet aussi d'apprécier les moments de bonheur ».

Elle le dit elle-même : si elle a accepté de poser ses valises au 55, rue du Faubourg-Saint-Honoré, c'est pour s'assurer de voir son époux. Après avoir quitté l'enseignement pour l'assister à Bercy, elle n'allait pas surjouer

1. *Elle*, « Appelez-moi Brigitte », *op. cit.*

l'indépendance ! « Cela nous permet de nous voir dans la journée, entre deux rendez-vous, et d'être ensemble pour dîner presque tous les soirs lorsque nous n'avons pas d'obligations particulières[1] », explique-t-elle. Et quitte à être là, elle va embrasser pleinement le rôle de maîtresse de maison. Dans les jours suivant son installation, elle a en effet rencontré chacun des services de l'Élysée. Cuisines, standard, intendance, crèche… Tous ont reçu, ravis, la visite de la nouvelle première dame. Il faut dire qu'après Bernadette Chirac, personne ne s'était vraiment penché sur leur travail – des non-résidentes Cécilia et Carla Sarkozy à la fantomatique « deuxième dame » Julie Gayet. La grosse machine élyséenne « tourne parfaitement » de toute façon, comme Brigitte Macron le dit à ses proches. La preuve : elle n'a pas eu besoin de briefer le chef Guillaume Gomez sur les goûts de son mari. En découvrant l'appétit présidentiel pour les cordons-bleus, le cuisinier aurait pris l'initiative d'en servir dans les cocktails élyséens, en version miniature. Ici, le rôle d'hôtesse n'est pas le plus compliqué à tenir…

S'approprier l'endroit – 11 179 m² de surface exploitée tout de même – peut en revanche

1. Joëlle Chevé, *L'Élysée au féminin de la IIe à la Ve République*, Éditions du Rocher, 2017.

s'avérer difficile. Spécialiste de cette question, la psychothérapeute Christine Ulivucci[1] nous l'explique. « L'Élysée est un lieu professionnel, mais pas neutre. Il est investi par un poids historique, et par quelque chose de l'ordre de la représentation et de la transmission. Il n'est donc pas aisé d'en prendre possession. » Du général de Gaulle qui l'occupait comme un appartement de fonction jusqu'à François Hollande pour qui c'est « un décor de théâtre », les présidents ont souvent rechigné à le personnaliser. « La difficulté est double pour une première dame, poursuit Christine Ulivucci. Ce n'est ni son lieu d'habitation, ni son lieu d'investiture. Malgré une marge de manœuvre assez réduite, il reste toutefois important d'insuffler un nouvel esprit qui corresponde à sa personnalité[2]. » Brigitte Macron va s'y atteler très vite… Imaginant sans doute qu'elle serait la gardienne d'une rénovation de grande ampleur. Fissures aux murs, rongeurs au sol (les équipes de Nicolas Sarkozy avaient déploré la présence de souris, outre la saleté des lieux et l'odeur de cigarette) : le palais n'est pas un palace ! Et au-delà de l'aspect esthétique, les infrastructures manquent cruellement de modernité. Électricité, plomberie, sécurité incendie… De

1. Auteur de *Psychogénéalogie des lieux de vie. Ces lieux qui nous habitent*, Petite Bibliothèque Payot, 2010.
2. Entretien avec l'auteur, le 14 septembre 2017.

grands travaux avaient même été budgétés et encouragés par la Cour des comptes, pour la préservation du patrimoine national. Pourtant, en octobre, Emmanuel Macron a finalement renoncé, refroidi par le devis de cent millions d'euros établi pour la réfection des résidences présidentielles.

La métamorphose, ce ne sera donc pas pour tout de suite. Mais, en attendant, Brigitte s'est immédiatement attachée à relooker l'ancien hôtel d'Évreux. Exit, les vieilles tapisseries inchangées depuis les années 1950, les lourdes tentures de la salle des fêtes et les tapis ringards. « J'ai fait retirer les bergères et les moutons ! », s'amuse-t-elle à lancer à ses conseillers. Avant même l'été, elle se rendait d'ailleurs au Mobilier national et à la manufacture des Gobelins, puis au Fonds national d'art contemporain, pour sélectionner quelques pièces plus modernes. Tapis et tapisseries d'artistes comme Hans Hartung et Pierre Alechinsky, table de travail en béton gris… Assistée par le chef du protocole José Pietroboni, elle a commencé à revisiter les lieux, comme l'avait fait à son époque Claude Pompidou. Elle a également commandé un nouveau service de table à la manufacture de Sèvres. « L'Élysée a une histoire ancienne, mais il n'est pas figé dans le temps, explique-t-elle. J'ai fait ma part des changements et j'ai surtout souhaité libérer les fenêtres d'un trop-plein de tentures épaisses qui assombrissaient les salons. La lumière y pénètre désormais beaucoup plus et la vue sur les jardins est moins occultée[1]. » Une façon de se sentir un peu plus chez elle. « Un lieu d'habitation est comme une seconde peau, un miroir, insiste Christine Ulivucci. On va y projeter ce que l'on est ou ce que l'on aimerait être[2]. » La démarche d'appropriation est d'autant plus importante que, pour le reste, la première dame n'est plus vraiment dans son élément…

Une liberté surveillée

Elle qui a toujours tenu à sa liberté, et jurait vouloir conserver une vie normale, a dû en admettre l'impossibilité. Oubliées, les petites sorties incognito, avec son déguisement de choc – des lunettes et un bonnet. Désormais, ses officiers de sécurité l'accompagnent où qu'elle aille. Des contraintes qu'elle a commencé à intégrer pendant la campagne, lorsque sa maison du Touquet a dû être sécurisée. De quoi créer des tensions avec certains voisins, exaspérés par la présence des deux fourgons de CRS postés en

1. Joëlle Chevé, *op. cit.*
2. Entretien avec l'auteur, le 14 septembre 2017.

permanence devant et derrière la villa Monéjan. « C'est devenu une avenue de pèlerinage ici, déplore-t-on au Algy's Bar, juste à côté. Et avec les CRS, les automobilistes ne peuvent pas s'arrêter pour venir acheter des cigarettes. » Pour d'autres, le problème émane surtout du défilé oppressant de policiers lourdement armés. À la suite de plaintes, ceux-ci ont été priés pendant quelques semaines de patrouiller discrètement, et de laisser leurs fusils d'assaut dans leur voiture ! En cas d'attaque, ils n'auraient qu'à aller les y chercher…

Depuis l'élection, le couple a dû abandonner sa résidence secondaire : située dans l'ultra-commerçante avenue Saint-Jean, elle est impossible à protéger. Et les Macron se sont alors mis en quête d'une maison – à louer selon certains, à acheter pour d'autres – dans le quartier beaucoup plus tranquille de La Forêt. Sans succès pour l'instant. De toute façon, ils n'auraient plus le loisir de suivre leur routine touquettoise. Manger au Ricochet, où ils avaient leurs habitudes – foie gras pour madame, couteaux gratinés pour monsieur, et un dessert au chocolat à partager ? Ce n'est plus possible. « On ne les verra plus pendant cinq ans, c'est sûr. Avec toutes les vitres qu'il y a dans notre restaurant, ce serait trop compliqué à sécuriser, regrettent Sébastien Deletoille et Mickaël Thomas, les patrons de l'établissement. C'est dommage parce que ce sont des clients très sympas, et surtout beaucoup plus polis que la moyenne. Ils ont toujours un mot pour chacun, attendant par exemple que les gens des cuisines remontent pour leur dire au revoir à la fin du repas[1].»

Une habitude dont il faudra se passer pendant le quinquennat. Si Brigitte Macron assure qu'elle ne se laissera jamais enfermer, elle a dû accepter de limiter ses sorties... Le danger est bien réel, elle n'a pas tardé à le découvrir. Il y eut tout d'abord les différents courriers de menaces. Ainsi, cette missive envoyée mi-mai au commissariat voisin de l'Élysée, contenant une photo d'Emmanuel Macron avec un trou au milieu du front et un message en arabe prédisant sa mort deux mois plus tard. Ou encore les lettres inquiétantes adressées à Brigitte. Ses deux auteurs – un couple – seront reconnus comme souffrant de paranoïa aiguë, après leur interpellation le 18 octobre. Dix jours plus tôt, un homme avait été arrêté alors qu'il photographiait La Lanterne, résidence secondaire des chefs d'État français, où les Macron aiment à passer leurs week-ends. Dans l'appareil de l'individu, les policiers trouvèrent aussi des clichés de l'Assemblée nationale et de façades de

1. Entretien avec l'auteur, le 21 septembre 2017.

gares. Des incidents pris très au sérieux, dans un contexte de renforcement de la sécurité présidentielle : à la rentrée 2017, une cinquantaine d'agents supplémentaires étaient mis à leur service et des plots rétractables étaient installés à l'entrée de l'Élysée, pour limiter la possibilité d'un attentat kamikaze…

Cette haute surveillance a été étendue à la famille de Brigitte. Dès la fin mai, *La Voix du Nord* constatait que des policiers effectuaient des patrouilles autour de l'école fréquentée par les enfants de Tiphaine Auzière. « S'ils ont pris cette décision, c'est qu'ils l'estiment nécessaire », commentait alors la jeune femme. Quelques jours plus tard, elle-même était placée sous protection : en pleine campagne des législatives, l'avocate – alors suppléante de Thibaut Guilluy, candidat LREM au Touquet – avait reçu des menaces. Sa sœur Laurence a elle aussi vu sa sécurité accrue à Fontenay-sous-Bois. Depuis mai 2017, Brigitte Macron a donc largement mesuré combien la victoire de son mari a modifié l'existence de ses proches. Son fils, pourtant très discret, s'est lui aussi retrouvé au centre de l'actualité, à son corps défendant : fin septembre 2017, Sébastien Auzière était « accusé » sur les réseaux sociaux de diriger l'Ifop, qui venait de publier un sondage donnant la popularité du président en hausse de cinq points. Raté ! L'information était fausse : oui, le beau-fils d'Emmanuel Macron est bien statisticien. Mais il œuvre depuis dix ans dans le domaine de la santé, au sein de la société d'études d'opinion Kantar Health dont il est aujourd'hui le vice-président. Et même avant cela, point d'Ifop sur son CV, lui qui a commencé sa carrière à l'Institut français de la mode.

Des controverses et ajustements évidemment difficiles à admettre pour la première dame. Elle était décidée à déjouer le pronostic de Valérie Trierweiler, qui avait prédit sur France Bleu qu'elle ne serait « plus libre de rien ». Et en début de quinquennat, elle a donné quelques sueurs froides à son service de sécurité, comme le 25 mai, lorsqu'elle s'était offert un bain de foule improvisé dans le centre de Bruxelles avec Amélie Derbaudrenghien, la compagne du Premier ministre belge. Autant dire que, même à l'Élysée, elle souhaitait poursuivre une vie conjugale et familiale la plus normale possible. En octobre 2017, elle insistait par exemple pour emmener son époux au spectacle, comme avant. Au programme, *Bouvard et Pécuchet* au Théâtre de la Ville et *Le Tartuffe* à celui de la Porte Saint-Martin. Alors certes, ces deux sorties n'étaient pas tout à fait classiques : le couple était « infiltré » dans une loge, après le début de la pièce, et il en partait avant la fin. Mais

Brigitte Macron tient à conserver un semblant de liberté. Quelques semaines auparavant, elle avait même assisté, en douce, à la rentrée de l'un de ses petits-enfants ! Le 3 août, c'est aussi avec deux d'entre eux – les aînés de sa fille Laurence – qu'elle était partie en repérage à la SPA d'Hermeray, pour adopter un chien. « Elle était très attentive – comme ses petits-enfants – à ce que l'on a pu lui expliquer sur le sort de tous ces animaux abandonnés pendant l'été[1] », nous raconte Natacha Harry, présidente de la Société protectrice des animaux. Avec un critère de choix essentiel : « Elle voulait un chien qui soit gentil avec les enfants et les autres animaux de son entourage familial. » Trois semaines plus tard, les Macron reviendront choisir un labrador croisé griffon noir qui avait été abandonné du côté de chez François Hollande, à Tulle. Ce sont les débuts élyséens de Marin, aussitôt rebaptisé Nemo pour cause d'année des « N » (et de passion présidentielle pour *Vingt Mille Lieues sous les mers*).

Plaire à ses petits-enfants ? Voilà une ambition que Brigitte Macron assume, elle qui a instauré avec eux différents rituels, des balades à vélo du Touquet à la visite annuelle au zoo de Beauval. « Elle est très fusionnelle, très aimante

1. Entretien avec l'auteur, le 29 août 2017.

avec eux, nous explique Ahmed Eddarraz, qui n'a pas tardé à rencontrer toute la famille. Même à l'approche de l'élection, elle continuait à tout faire pour leur ménager du temps[1]. » Une façon de poursuivre sa « vie d'avant » : aussi investie qu'elle l'ait été à Bercy, elle avait averti qu'elle garderait ses mercredis et vendredis après-midi pour les siens. Pour Camille et Paul, les enfants de Sébastien Auzière et de son épouse Christelle, biostatisticienne chez Sanofi ; pour Emma, Thomas et Alice, ceux de Laurence et de Guillaume Jourdan, respectivement cardiologue et radiologue ; et pour Élise et Aurèle, ceux de Tiphaine et d'Antoine Choteau, qui est gastro-entérologue. « Il y a des choses dont je m'occupe et sur lesquelles je ne bouge jamais. Il y a le karaté, le pédiatre... Et dès qu'Emmanuel part à l'étranger, je vais voir Tiphaine. Je suis bien avec mes enfants. J'ai de la chance. Je ne peux pas vivre sans[2]. » Son mari en a pleinement conscience. Il a adopté cette famille, qu'il fréquente beaucoup plus que la sienne. Lorsqu'il a songé à se présenter aux municipales, en 2008, c'était d'ailleurs sur les terres de sa femme, au Touquet... Il avait été un beau-père présent, encourageant notamment Tiphaine à passer le concours d'avocat. Et il la

1. Entretien avec l'auteur, le 1er novembre 2017.
2. Alix Bouilhaguet, *op. cit.*

joue « Daddy » cool pour ses sept petits-enfants – Daddy est son surnom, Brigitte ayant refusé qu'ils l'appellent « grand-père » – entre séances de lecture et visionnages de *Peppa Pig*. « Je n'ai pas eu besoin que ce soit mes enfants et mes petits-enfants sur le plan biologique pour leur donner autant d'amour que je leur donne », déclare-t-il le 17 avril 2017 au micro de Jean-Jacques Bourdin, sur BFMTV, à la suite d'une attaque de Jean-Marie Le Pen sur le sujet.

Le 7 mai, sur la scène du Louvre, Emma, l'aînée de Laurence Auzière, avait d'ailleurs éclipsé Jupiter quelques instants. Et beaucoup s'attendaient donc à voir cette dynastie intronisée à l'Élysée. Bingo : le 14 mai, ils étaient là pour la passation de pouvoir, autorisant des photos familiales que l'on n'avait plus vues depuis l'arrivée en force des Sarkozy, dix ans plus tôt. Mais depuis, on ne les y aperçoit plus beaucoup. « L'Élysée est un lieu de travail et de réceptions officielles et il gardera cette vocation, confirme Brigitte. Notre vie de famille, avec nos enfants et petits-enfants, a trouvé naturellement sa place, mais la majeure partie du temps en dehors du palais[1]. » Cette vie de famille n'est pourtant plus du tout la même, entre questions de sécurité et planning chargé. « Ils m'en

1. Joëlle Chevé, *op. cit.*

veulent de ne pas être là », disait-elle déjà de ses petits-enfants pendant la campagne. Mais son rôle de première dame, elle l'a très vite conçu comme un CDD à plein temps. En entrant à l'Élysée, elle n'a pas tardé à investir le salon des Fougères – également appelé « salon Bleu » – au rez-de-chaussée de « l'aile Madame ». Située entre la bibliothèque et le salon des Cartes, cette pièce lumineuse, ouverte sur le jardin privé du palais, doit son nom au motif fleuri de ses tapisseries. Une ambiance boudoir qu'elle a un peu atténuée en y faisant installer une table moderne signée Matali Crasset, prêtée par le Mobilier national. Elle y expose aussi fièrement un dessin offert par l'une de ses petites-filles, Emma. Dans ce bureau, où elle descend chaque matin dès 9 heures, elle a pris la suite de Cécilia Sarkozy, Carla Bruni et Valérie Trierweiler, qui y travaillaient aussi. Mais les comparaisons s'arrêtent là, comme elle tente de le faire comprendre. Son nouveau métier ? Elle tient à en définir elle-même la fiche de poste.

« Un job fait avec plaisir »

« Elle aura un rôle, elle ne sera pas cachée, parce qu'elle partage ma vie, que son avis est important et que la fonction présidentielle emporte quelque chose qui a une dimension personnelle. » Le 3 mars 2017, sur RTL, le candidat Macron l'affirmait : lui président, il clarifierait la fonction de la première dame, en lui donnant une existence officielle et en définissant un cadre à son action. Ainsi, il éviterait selon lui les légers problèmes du dernier quinquennat sur le sujet. « Sinon, on se retrouve dans des pratiques d'entre-deux, de dissimulation, qui sont impossibles à vivre pour la personne intéressée et sont une forme d'hypocrisie. » Oui, mais voilà… Une fois élu, il n'a finalement pu ériger le statut de la liberté. Et le texte promis pour septembre n'a pas vu le jour tel qu'il l'avait imaginé. De nombreuses voix s'y sont entre-temps opposées. À commencer par les députés, un tout petit peu sur les nerfs de voir les emplois familiaux interdits à l'Assemblée nationale… Dès juillet, le cas Brigitte Macron s'invitait donc dans l'hémicycle, les élus Insoumis déposant même un amendement pour éviter « le mélange entre vie privée et vie publique ». Le texte fera un bide – avec 16 votes pour et 123 contre –, mais tel ne sera pas le cas de la pétition lancée fin juillet sur le site change.org contre le statut officiel de première dame. Adressée à Emmanuel Macron et Édouard Philippe, elle obtenait en quelques semaines près de 320 000 signatures. « Nous sommes en pleine période de moralisation, après une campagne présidentielle pendant laquelle on a lutté contre la compromission. On a demandé aux parlementaires de ne plus employer de membres de leurs familles. Et voilà que l'on réfléchit au statut de Brigitte Macron ! Ce côté "deux poids, deux mesures" est injuste, défend l'auteur de la pétition, Thierry Paul Valette. Le moment n'était pas le bon, cela ne répondait pas aux priorités des Français[1]. »

Une position fragile

Depuis le passage de Valérie Trierweiler à l'Élysée, le concept même de première dame

1. Entretien avec l'auteur, le 18 août 2017.

a de toute façon été largement remis en cause. Le 24 janvier 2014, deux semaines après la révélation par *Closer* de la liaison de François Hollande, un sondage BVA-Le Parisien l'indiquait clairement : 54 % des personnes interrogées ne voulaient plus de cette figure imposée. Le lendemain de cette publication, François Hollande appelait d'ailleurs l'AFP pour « faire savoir qu'il mettait fin à la vie commune qu'il partageait avec Valérie Trierweiler ». Libre désormais de terminer son quinquennat sans *First Lady* officielle. « Julie Gayet ayant ensuite refusé le rôle, on a vu que l'on pouvait s'en passer, analyse le journaliste Robert Schneider. Dans les réceptions officielles, le président était reçu tout seul et cela fonctionnait malgré tout. Curieusement, Brigitte Macron est pour le moment populaire mais les Français refusent d'envisager qu'elle puisse coûter de l'argent[1]. »

Officiellement, ces protestations n'ont pas fait plier le président. Reste que, le 21 août, c'est une simple « charte de transparence relative au statut du conjoint du chef de l'État » qui était postée sur le site internet de l'Élysée, loin du texte juridique annoncé. Au menu, des missions classiques – de la représentation de la France lors des déplacements

1. Entretien avec l'auteur, le 25 septembre 2017.

internationaux à des parrainages caritatifs –, un récapitulatif de son agenda publié à la fin de chaque mois pour plus de transparence, et aucun budget propre ni rémunération. Quant à son cabinet, il a été réduit à deux secrétaires et deux conseillers : Pierre-Olivier Costa et Tristan Bromet, anciens de la mairie de Paris, respectivement nommés directeur et chef de cabinet. C'est sûr, on est loin des vingt et une personnes qui avaient été affectées à Bernadette Chirac, voire des huit collaborateurs dont bénéficiait Carla Bruni. Mais le coût demeure élevé, et supérieur à celui du cabinet de Valérie Trierweiler en 2013. Dès novembre 2017, Christophe Castaner, alors porte-parole du gouvernement, annonçait ainsi des frais de fonctionnement de 440 000 euros annuels. Cette volonté de transparence ne calmerait pas certains esprits, dont les attaques se sont faites très personnelles. Pendant les discussions estivales autour de son statut, Brigitte Macron a en effet été la destinataire de lettres d'insultes. « Des courriers comme on n'en recevait plus depuis le mois de mai, nous indique son entourage. Avec toujours ce refrain, auquel elle est malheureusement habituée, sur son âge ou son couple. »

De l'avis de ses proches, elle ne va pourtant pas trop s'attarder sur ces lettres. Une certaine habitude héritée des assauts de la campagne sans doute… Mais aussi un petit manque de temps. Pour Brigitte Macron, le quinquennat commence en effet très vite. Et tant pis pour sa peur de l'avion : les voyages seront nombreux. Dès le 25 mai, elle accompagne son mari à Bruxelles, pour son premier sommet de l'Otan. Le lendemain, direction Taormine pour une réunion du G7. L'occasion de se roder et de prendre quelques conseils auprès de ses homologues, qu'elle retrouve à Hambourg début juillet pour son premier G20 puis à New York mi-septembre pour l'Assemblée générale des Nations unies. Elle tisse alors des liens avec différents conjoints de chefs d'État, Melania Trump en premier lieu. Une complicité sur laquelle on n'aurait pas misé… L'une vient d'une famille bourgeoise d'Amiens, l'autre a connu une enfance modeste en Slovénie. L'une ne manque jamais de citer Voltaire, l'autre préfère plagier les discours de Michelle Obama. L'une préside le fan-club de son mari, l'autre refuse que le sien lui prenne la main en public. Mais les 13 et 14 juillet, on les découvrait pourtant visiblement proches lors de la venue des Trump à Paris. Brigitte Macron dit partager avec elle un même souci pour l'éducation, et la trouver « touchante ». Toutes deux ont surtout été les cibles d'un déchaînement d'attaques sexistes pendant la campagne présidentielle. La première dame s'est vue raillée pour l'écart d'âge avec son époux (le même que celui des Trump, sans que celui-ci suscite autant de commentaires...). La *First Lady* a, elle, subi le « slut-shaming » dû à la publication de vieilles photos dénudées. Des expériences susceptibles de les rapprocher. Lorsque Donald Trump lançait à Brigitte Macron un « mais vous êtes en pleine forme ! » aussi étonné qu'embarrassant, elle attrapait d'ailleurs le bras de Melania pour s'échapper. Ce qui fait au moins un accord de Paris scellé entre la France et les États-Unis...

La princesse Mary de Danemark, la grande-duchesse María Teresa de Luxembourg, Patricia Marroquin de Morales et Angelica Rivera de Peña, les premières dames du Guatemala et du Mexique... Dans ses premières semaines à l'Élysée, Brigitte Macron reçoit d'autres consœurs. Des rencontres diplomatiques qu'elle prend très au sérieux – elle suivrait d'ailleurs des cours d'anglais pour mieux les gérer. « J'entends ce que disent les gens et j'apprends. Lorsque par exemple la femme du président colombien accompagne son mari, elle me parle de l'Amérique latine, je comprends mieux alors ce qui s'y passe. Rien de cela n'est anecdotique, c'est un vrai "job" que je fais avec plaisir en essayant de répondre à ce que les Français attendent de moi[1]. » D'autant qu'avec certaines, elle souhaiterait agir au-delà de la tasse de thé partagée. C'est le cas de Dominique Ouattara, épouse du président de Côte d'Ivoire, avec laquelle elle s'est engagée dans le Fonds Vert pour les femmes lancé par l'organisation R20. La présidente de la fondation, Michèle Sabban, a engagé cette collaboration des deux premières dames. « Leur premier entretien téléphonique était plein de naturel et de disponibilité, se souvient-elle. Et je pense que les premières dames africaines sont ravies d'avoir une interlocutrice en France, ce qui n'était plus vraiment le cas depuis Bernadette Chirac[2]. » Après la première rencontre avec son homologue française, Dominique Ouattara vantera d'ailleurs dans la presse sa spontanéité. Certes, Brigitte Macron explique avoir du mal à se sentir première dame, mais elle affiche en tout cas beaucoup d'enthousiasme dans ses missions et dit les prendre comme « un cadeau ». « Elle est très impliquée, c'est rassurant. Elle sait où elle va et elle ne jouera pas de son rôle pour exister mais pour aider le président sur certains sujets », conclut Michèle Sabban.

1. Citée dans un article de *Paris Match*, « Brigitte et Melania, la belle entente », paru le 20 juillet 2017.
2. Entretien avec l'auteur, le 26 août 2017.

Cette dernière va avoir la preuve de cet engagement dix jours après leur premier entretien. Ce 23 juin 2017, la présidente de R20 est en effet de retour à l'Élysée. Elle accompagne le fondateur de l'organisation, Arnold Schwarzenegger, venu parler environnement avec le nouveau chef d'État français. Brigitte Macron les accueille, pose tout sourires sur le perron, mais tient aussi ensuite à assister au rendez-vous – comme elle le fera en juillet pour les venues de Bono, puis de Rihanna. «Elle avait le dossier que je lui avais remis la première fois sur le Fonds Vert et en a parlé à Arnold Schwarzenegger. Elle sait où elle va. Il ne faut pas oublier qu'elle a été enseignante, elle prépare ses interventions…»

Un rôle multiple

Et ce côté prof bonne élève, la plupart des responsables d'associations et d'entreprises rencontrés en font mention. Elle mène ces entretiens à l'écart des médias – les selfies circuleront de toute façon sur les réseaux sociaux après sa visite – et de préférence sur place plutôt qu'à l'Élysée. «Les gens parlent plus librement et cela nous permet d'entrapercevoir ce qui fonctionne ou non, nous explique son cabinet. Et puis elle aime sortir de ces murs pour voir la vraie vie.» Sarah Da Silva Gomes a ainsi reçu sa visite le 16 juin 2017 dans ses locaux de Villeurbanne. Sa société, Constant & Zoé, produit des vêtements spécialement conçus pour les handicapés. «Son cabinet m'a sollicitée une semaine avant sa venue, nous explique-t-elle. Elle souhaitait en savoir plus sur notre marque et s'est déplacée de Paris pour passer deux bonnes heures avec nous. J'avais fait venir quatre familles de clients pour qu'elle ait un avis objectif sur nos produits[1].» Ce jour-là, elle rencontre notamment David, infirme moteur cérébral depuis la naissance, qui s'exprime grâce à une tablette vocale, et Louna, victime dans l'enfance d'un accident de voiture qui l'a laissée en fauteuil. «On voyait qu'elle connaissait déjà un peu le sujet. Elle s'était clairement renseignée et rebondissait sur ce que nous disions. Son équipe prenait des notes. J'ai trouvé qu'il y avait une vraie démarche.» Reste à savoir si la rencontre portera ses fruits, au-delà de la visibilité qu'une photo avec Brigitte Macron a offerte à Constant & Zoé. «On espère des actions concrètes car le handicap a toujours été laissé de côté. Mais on a en tout cas une première dame qui s'intéresse au sujet.»

1. Entretien avec l'auteur, le 17 août 2017.

Un dossier qu'elle a en effet fait sien dès la campagne, éveillée à cette thématique par son ami Patrick Toulmet. Le président de la chambre des métiers et de l'artisanat de Seine-Saint-Denis fréquente les Macron depuis leur passage à Bercy. Son centre de formation à Bobigny a même abrité l'annonce de la candidature de l'ex-ministre à l'élection présidentielle. Avec Brigitte Macron, il parlera largement des difficultés que rencontrent les handicapés : lui-même est en fauteuil et son frère était autiste. L'ex-enseignante ayant eu des élèves diagnostiqués Asperger, elle est particulièrement en alerte sur ce dernier sujet. « J'ai emmené Emmanuel et Brigitte Macron dans un foyer d'autistes pour adultes dans le Val-d'Oise, raconte Patrick Toulmet. Elle était très à l'écoute des résidents, répondant à leurs questions, quitte à retarder le départ d'Emmanuel Macron. Depuis, elle s'est approprié le sujet car elle sent bien qu'il y a un manque et qu'elle peut avoir une utilité. La femme du président est la mieux placée pour lui dire de ne pas oublier telle ou telle cause. Le monde du handicap compte sur elle[1]. » Elle sera aussi sensibilisée aux difficultés des enfants autistes par l'une de ses anciennes élèves. Domitille Cauet a connu Brigitte et Emmanuel Macron

1. Entretien avec l'auteur, le 18 septembre 2017.

à La Providence. Elle était même à l'affiche de *L'Art de la comédie*, la pièce qu'ils ont réécrite ensemble. Mais lorsqu'elle envoie un SMS à son ancienne prof, en octobre 2016, ce n'est pas pour lui parler théâtre. Mère d'un petit garçon atteint d'autisme, elle veut lui faire part d'un « véritable scandale sanitaire, social, humain ». L'épouse du candidat répond tout de suite et s'engage à ses côtés. « Trop de personnes, en raison de leur situation, de leur handicap, de leur maladie ou de la singularité de leur parcours de vie, se heurtent à des portes closes, luttent pour accéder à des droits fondamentaux, comme l'éducation, analyse-t-elle aujourd'hui. Je veux mettre en lumière les initiatives qui incluent, et combattre les rigidités qui excluent[1]. »

Dès la campagne, elle a donc mis en place un groupe de travail qu'elle mène seule, sans Emmanuel Macron, s'emparant ainsi du sujet. Autour de la table, Sophie Cluzel, future secrétaire d'État chargée des Personnes handicapées, et les responsables des principales associations. Olivia Cattan, présidente de SOS Autisme France, en faisait partie. « C'était agréable. Elle est très simple, sans chichis, et j'ai vu qu'elle était très concernée, ce qui m'a donné pas mal d'espoir. Elle n'était pas dans

1. Joëlle Chevé, *op. cit.*

tous les clichés sur l'autisme et était ouverte aux expériences menées à l'étranger. Nous avons ensuite poursuivi l'échange par e-mail[1]. » Une fois l'Élysée atteint, le contact ne sera pourtant plus le même, comme le regrette Olivia Cattan. « On m'a fait comprendre qu'il n'y avait plus de rapport direct, ce que j'ai trouvé dommage. J'avais la sensation que l'équipe d'En Marche ! avait une façon de faire de la politique intéressante, qui me rappelait un peu celle de l'entourage de Nicolas Sarkozy. À l'époque de son quinquennat, j'étais présidente de Paroles de femmes et le contact était direct. Il nous recevait très vite, nous donnait son haut patronage en une semaine… Là, il y a tout de suite eu un barrage que je n'avais pas senti au départ. Mais nous ne sommes qu'au début. » Le 6 juillet, Brigitte Macron se trouve en tout cas en première ligne pour lancer le quatrième plan autisme, sans pour autant annoncer la fondation que certains attendaient. Une volonté, sans doute, de ne pas empiéter sur le champ politique… Et de se laisser la possibilité d'intervenir sur différents sujets.

Car la première dame réfute le titre de « Michelle Obama à la française ». Si son mari copie-colle de nombreux points de la

1. Entretien avec l'auteur, le 1er septembre 2017.

communication de l'ex-leader des États-Unis, elle n'est pas dans ce cas. Elle ne se cantonnera surtout pas à une cause – comme l'avait été l'obésité infantile pour l'Américaine. Sa fonction n'étant pas fixée par un statut officiel, Brigitte Macron dispose finalement de tout le champ d'action que lui laisse le président. « Emmanuel m'a toujours dit : "C'est toi qui détermineras ton rôle dans le respect des règles[1]" », se rassurait-elle avant même l'élection. Or son rôle, elle le veut multiple. Dès ses premières semaines à l'Élysée, elle manifeste cette volonté de diversification par ses rencontres. Son premier déplacement ? Ce sera à l'institut Gustave-Roussy, à Villejuif, pour s'informer sur la scolarisation des enfants hospitalisés. Mi-juillet, elle reçoit également à l'Élysée Marc Lavoine et Abdel Aïssou, fondateurs de l'association Le Collectif. Elle a entendu parler de Mon Cartable connecté, leur programme permettant de relier un enfant durablement hospitalisé à sa classe. « Nous sommes restés plus de deux heures, à présenter le Cartable de façon très pragmatique, raconte Abdel Aïssou. Nous avions été frappés par sa simplicité et la qualité de son écoute. Très attachés à notre indépendance, nous avions accepté cette rencontre car la première dame est moins connotée

1. Alix Bouilhaguet, *op. cit.*

politiquement que ne pourrait l'être un ministre ou le président. On n'était pas dans une logique de calculs ni dans l'immédiateté de la politique[1]. » Brigitte Macron revendique elle-même ce rythme particulier. « Ma fonction m'amène à être sur un temps différent, loin de l'actualité[2] », assure-t-elle. Une volonté qui explique peut-être – en parallèle de la peur de tout *bad buzz* – son absence des réseaux sociaux.

Mais cette résolution de se tenir loin des aléas de l'information ne résiste pas forcément à l'épreuve des faits. Le 16 octobre, le monde entier est agité par l'affaire Weinstein. Le président français a annoncé avoir engagé les démarches pour retirer la Légion d'honneur au producteur américain, accusé de violences sexuelles par des dizaines de femmes, et le grand public s'est emparé de la question. Sur Twitter et Facebook, chacune « balance son porc ». Participant dans une école parisienne à une dictée organisée par ELA (l'association européenne contre les leucodystrophies), la première dame est interpellée sur le sujet. « Je suis très heureuse que les femmes parlent. Peut-être que ce sera un mal pour un bien », répond-elle aux journalistes présents. Un discours qu'elle réitère, le

1. Entretien avec l'auteur, le 26 septembre 2017.
2. Joëlle Chevé, *op. cit.*

soir même. « Elles sont très courageuses de le faire, et je pousse vraiment à rompre le silence. Quelque chose est en train de se passer, vraiment », juge-t-elle devant les caméras, à la sortie du Théâtre-Antoine. Elle vient alors d'assister à la pièce *Les Chatouilles ou la Danse de la colère*, escortée de la garde des Sceaux Nicole Belloubet, du secrétaire d'État Benjamin Griveaux et de Marlène Schiappa. Leur présence n'a rien d'anecdotique, sachant que le spectacle évoque la pédophilie et qu'il est ce soir-là suivi d'un débat sur les violences sexistes et sexuelles. Brigitte Macron ne prendra toutefois pas part à la discussion, se contentant d'écouter la secrétaire d'État chargée de l'Égalité entre les femmes et les hommes.

Une façon de ne pas mordre sur le territoire de Marlène Schiappa ? Celle-ci balaie cette question. « Pour moi, ce que fait Brigitte Macron est primordial. Elle est vraiment engagée, nous donne des recommandations. Et elle mesure très bien l'air du temps, nous explique-t-elle. Non seulement, on n'est pas en concurrence, mais c'est moi qui sollicite son implication et lui demande que l'on travaille ensemble. Elle a une aura et son engagement soutient les causes que l'on veut mettre en lumière[1]. » Sur le thème

1. Entretien avec l'auteur, le 15 septembre 2017.

du handicap, Sophie Cluzel témoigne dans le même sens : « Elle veut rester discrète, juge-t-elle. Elle reçoit énormément de courrier sur ce sujet. C'est à elle que les Français écrivent. Elle s'implique beaucoup. Mais elle sait que, lorsqu'elle fait un déplacement, elle risque d'éclipser le cœur du sujet. Pour éviter cela, elle le fait loin des médias[1]. » Sauf que cette clause de non-concurrence n'est pas forcément évidente pour tous. Et certains responsables d'associations expliquent avoir parfois du mal à déterminer quel est leur interlocuteur, entre la première dame et le ministre concerné par leur action. « C'est sûr que sans rôle prédéfini, on ne sait pas si l'on peut s'adresser à elle, admet Olivia Cattan. C'est un peu compliqué. On s'est tous mis à harceler Brigitte Macron, que l'on avait rencontrée avant les élections, pour apprendre que ce n'est pas elle qui gère tel ou tel dossier. Ces barrières-là, il est difficile de les accepter pour des associations[2]. »

L'école du pouvoir

Pourtant, ses déjeuners avec différents ministres – Sophie Cluzel, Marlène Schiappa,

1. Dans un article du *Parisien*, « Première dame, premier rôle », paru le 13 août 2017.
2. Entretien avec l'auteur, le 1er septembre 2017.

Jean-Michel Blanquer et Françoise Nyssen –, quelques jours seulement après leur prise de fonction, semblaient indiquer un engagement politique plus qu'associatif. Renforçant pour certains l'image de cette « vice-présidente » que *Valeurs actuelles* mettait en couverture le 20 juillet 2017. « La première dame se fait plus discrète depuis qu'elle a pris possession de l'Élysée. Elle n'en est pas moins influente auprès du chef de l'État », affirmait l'hebdomadaire. « Au point d'être crainte des ministres et des conseillers qui redoutent sa liberté. » Le domaine dans lequel son intervention serait la plus grande ? L'éducation bien sûr. Pendant toute la campagne, l'ex-enseignante a distillé ses idées en la matière : le dédoublement des classes de CP et CE1 en zones défavorisées, l'envoi à mi-temps de profs expérimentés dans des lycées difficiles, la réintégration de La Fontaine dans les programmes… « Tout se fait à l'école », a-t-elle l'habitude de rappeler. Et offrir aux jeunes « autre chose que la cage d'escalier » est devenu dans ses rares interviews une vraie priorité du quinquennat. Est-elle l'éminence grise d'Emmanuel Macron sur le sujet ? On peut le penser en effet. Dans l'arrêté du 15 mai 2017 composant le cabinet présidentiel, sur les quarante-trois conseillers nommés, figurait d'ailleurs Thierry Coulhon à l'Enseignement supérieur, la Recherche et l'Innovation… mais personne à l'Éducation.

De son influence intellectuelle sur Emmanuel Macron à son implication dans la campagne, tout porte à croire en son rôle politique. Lorsque la journaliste Laurence Masurel lui adresse son livre, *La France est ingouvernable*, la première dame donne même du « nous » dans sa réponse. « Vous le savez, nous sommes prêts à relever tous les défis[1] », aurait-elle écrit. Un engagement que ses proches mettent parfois en exergue tout naturellement. « Elle est simple, facile d'accès, tout l'opposé de ce que certaines femmes politiques sont[2] », juge Patrick Toulmet. Une « femme politique », le mot ne semble pas trop fort au soutien d'Emmanuel Macron. « Elle fait du bien à la classe politique, poursuit-il. C'est une femme de terrain et elle est très cash. Sur le sujet du handicap, elle a parfois pu corriger certaines personnes en disant “voilà ce que l'on compte faire, voilà ce que l'on fera”. Elle va faire bouger les lignes. »

Mais elle se fixe cependant une limite : ne pas gêner celui qu'elle qualifie de « plus beau président de la Ve République ». « Ce que je souhaite plus que tout, c'est ne jamais lui porter préjudice, c'est mon obsession. Si je sens un jour que ma présence est compliquée pour sa

1. D'après un article du *Canard enchaîné*, « “Nous, Brigitte Macron” », paru le 20 septembre 2017.
2. Entretien avec l'auteur, le 18 septembre 2017.

présidence, je m'effacerai[1] », anticipe-t-elle. « On sent une vraie gravité en elle, une crainte de ne pas réussir et une volonté de ne jamais nuire à son mari[2] », explique Ahmed Eddarraz. À ceux qui lui demandent de s'impliquer dans un projet, elle répond d'ailleurs qu'elle doit en parler d'abord à Emmanuel Macron. Elle ne s'engage qu'une fois la « permission » accordée. Mais elle tient ensuite à remplir son rôle, sans se laisser cette fois effacer par les jeunes conseillers présidentiels. Et cela, les ministres d'Édouard Philippe le savent, eux qui parlent si fréquemment de Brigitte Macron lorsque aucun responsable politique n'évoquait par exemple Carla Bruni…

C'est que la nouvelle première dame ressemble peu à la chanteuse. Les deux femmes s'apprécient pourtant. Brigitte a admiré la retenue de Carla à l'Élysée et lui a demandé des conseils pendant la campagne, Carla a envoyé un message de félicitations à Brigitte dès l'élection de son mari et la qualifie de « femme gentille, chaleureuse et humaine, facile à aimer[3] »… Mais pour le reste, elles n'ont pas le même style. « Non, Brigitte Macron ne sera pas Carla Bruni,

---

1. Dans une interview parue dans *Elle*, « Appelez-moi Brigitte », art. cit.
2. Entretien avec l'auteur, le 1er novembre 2017.
3. Dans une interview à *Version Femina*, parue le 9 octobre 2017.

qui a presque disparu en dehors des voyages à l'étranger[1] », décrypte l'auteur de *Premières Dames*, Robert Schneider. Plus proche de Cécilia alors ? Leur influence à Bercy, leur implication, leur côté people... Certaines similitudes existent. L'ex-Mme Sarkozy avait d'ailleurs souhaité avant les autres un statut de la première dame. Mais Brigitte Macron écarte la comparaison : « Elle était chef de cabinet. Elle avait un rôle sur le fond. Avec Emmanuel, ce n'est pas du tout moi qui fais ça[2] ! » Robert Schneider propose une autre analyse. « Nicolas Sarkozy avait besoin d'elle, comme Emmanuel Macron recherche la présence de sa femme. Mais la vraie différence est que Brigitte Macron n'a pas envie d'exister en s'opposant. Il est évident qu'elle ne veut pas gêner son mari. » La diplomatie parallèle d'une Danielle Mitterrand, l'ambition électorale d'une Bernadette Chirac ou les tweets embarrassants d'une Valérie Trierweiler ? Peu de chances qu'elle s'y risque... Sans pour autant tomber dans l'ultra-discrétion d'Yvonne de Gaulle, dont les tentatives d'analyses politiques recueillaient inlassablement un « laissez, vous n'y connaissez rien » du Général, ou dans l'invisibilité de Julie Gayet. Pour certains proches, Brigitte Macron

1. Entretien avec l'auteur, le 25 septembre 2017.
2. Alix Bouilhaguet, *op. cit.*

serait plutôt « la nouvelle Claude Pompidou », amie des arts et des lettres. Ce n'est sûrement pas un hasard si elle a choisi pour directeur de cabinet Pierre-Olivier Costa qui, avant d'intégrer l'Hôtel de Ville, avait œuvré au Centre Pompidou pendant près de quatre ans puis au CNC (Centre national du cinéma et de l'image animée) huit mois durant. La première dame ne s'en cache pas : elle souhaite faire entrer les artistes à l'Élysée. En y organisant des représentations tout d'abord, comme ce concert donné par Renaud Capuçon le 4 octobre. En appuyant aussi le rôle qu'ils pourraient jouer au sommet de l'État. Elle avait ainsi fait découvrir à Emmanuel Macron la prose de Leïla Slimani, prix Goncourt 2016, devenue depuis sa représentante personnelle pour la francophonie. On dit même que l'auteur de *Chanson douce* aurait refusé le poste de ministre de la Culture, ce qu'elle ne dément pas.

Avec Claude Pompidou, épouse d'un ancien de la Banque Rothschild, largement critiquée pour ses tenues couture, Brigitte Macron a donc bien des points communs. Comme « Bibiche », « Bibi » entretient surtout une relation très fusionnelle avec son mari. Le couple, très tactile en public, veille à se réserver des plages à deux. L'isolement des débuts leur en a laissé le goût, et ils ont par exemple toujours privilégié les vacances en couple plutôt qu'en bande. De toute façon, la meilleure amie du président, c'est son épouse, comme il le dit lui-même. Le matin, il commence donc sa journée à 9 heures, histoire de partager son petit-déjeuner avec Brigitte. Le soir, il la rejoint vers 22 heures pour dîner, avant de repartir travailler. Et le 20 octobre 2017, il n'envisageait pas d'être loin d'elle pour leurs dix ans de mariage, et écourtait donc sa présence au sommet européen de Bruxelles pour la retrouver à La Lanterne. Un accord conjugal que l'Élysée n'avait plus connu depuis longtemps. Des infidélités souffertes par Anne-Aymone Giscard d'Estaing aux vies séparées des Mitterrand, des disputes des Chirac (qui y avaient chacun son appartement) au divorce puis remariage de Nicolas Sarkozy… Le Château a été le théâtre de toutes sortes de rebondissements sentimentaux. Et l'on ne parle même pas des aventures casquées de François Hollande, puis du portrait assassin fait de lui dans *Merci pour ce moment.* Dans ce panorama, l'harmonie affichée et revendiquée par les Macron surprend. Elle produit surtout un contraste criant avec les tout premiers instants des précédents quinquennats. Le 7 mai 2017, Brigitte apparaissait sur la scène du Louvre main dans la main avec son mari quand, dans les mêmes circonstances, Cécilia Sarkozy avait menacé de ne pas venir et Valérie Trierweiler quémandait d'être « embrassée sur la bouche » pour marquer sa victoire sur Ségolène Royal. Dès les débuts, la nouvelle première dame formera clairement une équipe avec le président, lorsque d'autres, comme Carla Bruni, revendiquaient de se placer « en retrait ». Brigitte Macron, elle, est sa conseillère et elle se tient donc à ses côtés.

Cette concorde explique en partie l'engouement suscité par Brigitte Macron. Et la condamne à une ouverture de courrier digne d'un épisode de « L'amour est dans le pré ». Chaque jour, elle reçoit en effet cent cinquante lettres, soit quatre fois plus que Carla Bruni à en croire son entourage. Des missives qu'elle passe la moitié de la journée à traiter, les classant entre celles auxquelles elle répond personnellement, celles qu'elle laisse à son cabinet, et celles qui demandent une étude plus approfondie, parce que révélatrices de défauts dans le système de protection sociale. Autant dire qu'avec cette masse de lettres, elle ne peut assortir ses réponses d'un billet de banque – comme le faisait Anne-Aymone Giscard d'Estaing, qui renvoyait cinq cents francs aux cas les plus difficiles. Mais, à en croire sa popularité, les Français ne semblent pour l'instant pas s'en formaliser…

Phénomène Brigitte

« Le phénomène Brigitte Macron » en une de *L'Obs*, « La Brigitte mania » décortiquée par *Le Figaro*, « L'atout du président » mis en avant par *Le Parisien* et la « Passion Brigitte » selon *Grazia*, déclinée dans un dossier de onze pages. Elle a aussi fait la couverture de *Valeurs actuelles*, *Point de vue* et *L'Express*. Et taper son nom sur Google offre plus de dix millions de résultats. Soit deux fois plus que David Beckham, cinq fois plus que Jean Dujardin… et trente fois plus que Valérie Trierweiler ou Julie Gayet ! Depuis des mois, les médias ont un nouveau sujet de prédilection. « C'est un personnage qui intéresse nos lecteurs », confirme Laurence Pieau, directrice de la rédaction de *Closer*. « Les numéros où elle apparaît en couverture fonctionnent en général bien[1]. » Même son de cloche du côté de *Paris*

1. Entretien avec l'auteur, le 13 décembre 2017.

Match. « Le premier numéro où l'on a mis le couple Macron en couverture, en avril 2016, est un numéro historique, avec entre 60 000 et 70 000 ventes supplémentaires[1] », se souvient Bruno Jeudy. Il explique qu'une telle hausse n'avait pas été atteinte grâce à l'ascension d'un homme politique depuis Nicolas Sarkozy. « Nous n'avons pas encore fait de une sur Brigitte Macron toute seule mais notre lectorat pourrait bien sûr être intéressé. Si l'on avait eu la primeur de sa première interview en tant que première dame, on y serait allé ! » Un autre magazine du groupe Lagardère, *Elle*, a obtenu l'exclusivité, avec un long entretien publié le 18 août. Et l'hebdomadaire n'a pu que s'en féliciter, et trinquer aux 530 000 exemplaires écoulés, un record depuis dix ans ! « J'ai fait beaucoup de couvertures parce que je fais vendre. Comme une lessive », disait Emmanuel Macron pendant la campagne[2]. Son épouse l'a largement rattrapé sur ce terrain.

Cet engouement n'a pas tardé à dépasser nos frontières. À l'étranger, Brigitte Macron a en effet intrigué, et ce avant même l'élection de son mari. Dès février 2017, le très sérieux *Frankfurter Allgemeine Zeitung* brossait son portrait.

1. Entretien avec l'auteur, le 30 août 2017.
2. Dans le documentaire *Emmanuel Macron, en marche vers l'Élysée*, de Bertrand Delais, diffusé le 11 mai 2017.

« Copine sympa de Jane Fonda », rayonnant « d'une telle joie de vivre qu'on dirait qu'elle a passé les quarante dernières années à faire la fête à Saint-Tropez » : les qualificatifs ne sont alors pas des plus flatteurs, mais la femme du candidat d'En Marche ! est en tout cas présentée comme l'une des clés de son succès. « Les Français les aiment justement à cause de leur écart d'âge inhabituel », explique le quotidien germanique. Notons quand même que quelques Allemands s'intéressent aussi à ce couple atypique : Angela Merkel elle-même serait « fascinée » par les Macron ! « Dans le monde totalitaire de sa jeunesse à l'Est, toute différence était mal vue et réprimée, écrit la journaliste Marion Van Renterghem dans sa biographie de la chancelière. Elle en a gardé une admiration pour ceux qui assument leur différence[1]. » Et elle a donc évidemment dû se ruer sur cette interview d'un conseiller conjugal publiée fin avril par le *Bild* et titrée « Lui 39 ans, elle 64 ! Comment un tel mariage fonctionne-t-il ? »

« Briseuse de diktats » pour le *New York Times*, « bien plus jeune que son mari », *dixit* le *Daily Mail*, « attractive, décidée, chaleureuse et vibrante », selon le magazine équatorien

1. Marion Van Renterghem, *Angela Merkel. L'ovni politique*, Les Arènes-*Le Monde*, 2017.

Cosas... Quant au *Daily Telegraph*, il s'extasiait dès le 9 mai sur « ses cheveux blonds savamment brushingués, son sourire ultra-brite et son assurance coquette ». Le tout, dans un article promettant à ses lectrices de les aider à trouver « leur Brigitte Macron intérieure » ! Parmi les six conseils proposés, « ne jamais sortir sous-lookée » et considérer que « son homme est un dieu » aiderait à y parvenir... Avis aux amatrices. Bref, la « future Michelle Obama française » du quotidien argentin *Clarín* a énormément inspiré les journalistes étrangers. Parmi eux, Ellie Pithers. Auteur d'un long portrait élogieux de la première dame française dans le *Vogue* britannique, elle nous explique ce qui a piqué son intérêt. « La différence d'âge entre elle et son mari a fait énormément parler au Royaume-Uni. Le couple de notre Première ministre étant très conventionnel, nous sommes attirés par le côté atypique des Macron[1] ! » Adam Sage, correspondant du *Times* à Paris, confirme. « Il n'y a qu'à regarder les commentaires sous les articles pour voir que cette différence d'âge intrigue. Les femmes sont souvent favorables, les hommes, plus sceptiques. Mais leur histoire d'amour intéresse en Angleterre. C'est sans doute la partie d'Emmanuel Macron qui est la

1. Entretien avec l'auteur, le 2 octobre 2017.

plus connue ici[1]. » Il en va de même au Maroc qui l'a accueillie en « rock star », selon Ahmed Eddarraz, à ses côtés pour le voyage officiel de juin 2017. Et en Grèce, la presse s'est surtout arrêtée sur les faits et gestes de la première dame lors du séjour présidentiel de septembre. « Il se passe d'ailleurs la même chose au Japon ou en Chine ! », conclut Adam Sage.

La première dame fait recette…

L'intérêt chinois pour Brigitte Macron s'est en outre renforcé depuis le 4 août 2017. Ce jour-là, au zoo de Beauval, naissait un bébé panda dont elle allait devenir la marraine. Le rôle revient traditionnellement à la première dame du pays de naissance, mais il n'a rien d'anecdotique, les pandas restant la propriété de l'empire du Milieu. En apprenant, quelques semaines plus tôt, que cette tâche lui incomberait, son cabinet avait déclenché un vrai branle-bas de combat, pour connaître la procédure et éviter tout impair. « Mme Macron semblait heureuse de cette mission dont elle a pris la pleine mesure protocolaire, nous explique Delphine Delord, directrice de la communication du zoo de Beauval. Le jour de la naissance,

1. Entretien avec l'auteur, le 8 août 2017.

elle nous a tout de suite appelés, avant même que nous ne lui fassions une demande officielle. Elle nous a dit avoir suivi cette arrivée heure par heure avec son mari depuis l'Élysée et prend régulièrement depuis des nouvelles de son filleul[1]. » Une implication qui a fait son petit effet à l'ambassade. « La Chine était extrêmement honorée qu'elle prenne la chose aussi à cœur. Pour la cérémonie du prénom, une grande délégation a tout de suite prévu de venir à Beauval, notamment parce que Mme Macron y serait. » Le 4 décembre, les représentants chinois s'étaient en effet déplacés en nombre, ravis d'apprendre que l'ourson s'appellerait désormais Yuan Meng (soit « la réalisation d'un rêve », pour ceux qui auraient quelques lacunes en mandarin). Mais, ce jour-là, l'assistance voulait surtout entendre la première dame. Elle ne se privait alors pas de donner un léger tour politique à son discours. Pour cette première prise de parole officielle, elle vantait ainsi ce « fruit énergique et vigoureux de l'amitié franco-chinoise, de cette amitié solide où il est possible de confier ce qu'on a de plus cher à quelqu'un dont on sait qu'il en prendra soin comme de lui-même ». Et elle n'oubliait pas de terminer son allocution d'un « je vous remercie », en chinois. Une belle maîtrise de la « diplomatie du panda »

1. Entretien avec l'auteur, le 12 septembre 2017.

qui a semblé réjouir ses interlocuteurs – dont le vice-ministre des Affaires étrangères Zhang Yesui et l'ambassadeur Zhai Jun. Autant dire qu'en Chine – où le hashtag #Ilestmariéavecunefemmequia24ansdeplusquelui avait été utilisé plusieurs millions de fois pendant l'élection française – Brigitte Macron a des chances d'être l'objet d'encore quelques articles…

En France comme à l'étranger, l'ex-prof fait donc couler beaucoup d'encre. « Vous allez voir que je vais réhabiliter le prénom Brigitte », plaisante-t-elle, comme le rapporte *Le Journal du dimanche* en juin 2017. Et en attendant qu'une nouvelle génération de Brigitte peuple les maternités, le magazine *Marianne* a commencé la reconquête. « Bardot, Lahaie, Macron, Fossey : Brigitte, un fantasme français », titrait l'hebdomadaire le 14 juillet 2017… Cette popularité s'est révélée utile en ce premier été du quinquennat, alors que le président venait, de son côté, de s'alléger de vingt-quatre points dans les sondages. « Se présenter comme "jupitérien" était d'une immense maladresse, juge le spécialiste en communication Philippe Moreau Chevrolet. Les gens ont eu le sentiment d'une distance[1]. » « Mettre à distance », ce sont d'ailleurs des mots que Brigitte Macron emploie

1. Entretien avec l'auteur, le 4 octobre 2017.

elle-même pour parler de son mari. « Emmanuel a besoin de tout le monde et de personne. On ne rentre jamais dans son périmètre[1] », admet-elle. Pour contrebalancer cette apparente froideur, l'image de la première dame n'a donc pas été superflue. Quitte à sortir pour cela de la réserve médiatique qu'elle s'était imposée. Depuis l'élection, elle s'est en effet calquée sur la communication présidentielle et la volonté d'un quinquennat « sans bavardages » – comprendre, à l'opposé du précédent. Bruno Roger-Petit lui-même, dont Brigitte aurait appuyé la nomination, s'est affirmé en porte-parole silencieux. Après une campagne très ouverte, la connivence avec les journalistes n'est donc plus de mise à l'Élysée. Et, dès le mois d'août, les paparazzi qui tentaient d'immortaliser le couple pendant ses vacances marseillaises s'en sont très nettement rendu compte. L'un d'eux, travaillant pour le magazine *VSD*, fit même l'objet d'une plainte pour « harcèlement et tentative d'atteinte à la vie privée ». Les clichés autorisés sont évidemment plus flatteurs – qu'il s'agisse de ceux de la photographe officielle Soazig de La Moissonnière, voire de ceux vendus par Bestimage. Désormais, le président s'adjoint dès que possible les services de l'un des collaborateurs de l'agence, Sébastien Valiela. Un nom

1. Anne Fulda, *op. cit.*

qui n'était jusque-là pas en odeur de sainteté à l'Élysée : il avait été l'auteur, pour *Closer*, des images de François Hollande rejoignant Julie Gayet rue du Cirque… L'ex-chef d'État doit apprécier.

Depuis le mois de mai, la communication des Macron a été considérablement verrouillée. Pendant les trois premiers mois du quinquennat, Brigitte ne s'est que très peu montrée dans les médias. Les amis people eux-mêmes ont intégré cette exigence et se sont faits plus discrets. Il y a bien Fabrice Luchini qui s'est dit un peu vexé de n'avoir pas été invité à la passation de pouvoir – quelques semaines plus tard, il refusait à Brigitte de parrainer la distribution des *Fables* de La Fontaine aux CM2. Mais les autres ont tiré les leçons des polémiques autour de la soirée du premier tour à La Rotonde, comparée par certains au Fouquet's de Nicolas Sarkozy. De son côté, Brigitte limite l'effet tapis rouge en déclinant par exemple les invitations à la Fashion Week, pour « se concentrer sur les thématiques liées à l'éducation et au handicap », selon son entourage. Désormais, se raconter ne semble plus être la priorité. En août, elle rompait pourtant le silence, perte de popularité d'Emmanuel Macron oblige. Quelques jours après avoir accordé ses confidences à *Elle* – prévues de longue date, certes, mais qu'elle aurait songé à annuler en juillet – elle appelait les Français à « avoir confiance » en son mari au micro de BFMTV. Difficile d'évaluer l'efficacité de son injonction, mais cela ne peut pas faire de mal…

Certains, en revanche, mesurent très bien ce que peut leur apporter la première dame. Le 30 juin, la marque Weekday, propriété du groupe H&M, éditait un T-shirt et un *tote bag* en son honneur. Le design ? « Brigitte », imprimé en rouge ou noir sur du coton blanc. « L'idée est née comme une réponse à l'engouement autour de Mme Macron[1] », explique l'attaché de presse de l'enseigne. Résultat ? Une razzia en règle dans la boutique parisienne, plus importante encore que lorsque la même opération avait été consacrée à Beyoncé. Appelez-la Brig'Hit ? « C'est vrai que cela a été un succès commercial et nous continuons à avoir des demandes quatre mois après son lancement. »

Une cote que mesure également Amandine Lalizou. Au soir du premier tour de l'élection présidentielle, cette jeune femme a eu l'idée de créer avec un ami la marque We love Brigitte. « Nous nous étions pris d'affection pour elle pendant la campagne, notamment à cause de toutes les attaques qu'elle a subies », nous

1. Entretien avec l'auteur, le 11 octobre 2017.

raconte-t-elle. « De plus, nous avons pensé qu'elle avait un vrai potentiel iconique[1]. » Trois mois plus tard, les deux associés lancent T-shirts et sweats ornés de messages comme « Et la France créa Brigitte » ou « Bribri First Lady ». Des pièces qu'ils commercialisent sur le site www.brigittemacron.com : les équipes d'En Marche ! n'avaient visiblement pas songé à déposer le nom de domaine… « Cela marche très bien », reprend la fondatrice. « Nous nous sommes même rendu compte qu'elle a une communauté de fans à l'étranger ! Nous recevons notamment énormément de mails d'Italie et du Japon. »

Mais c'est toutefois chez elle que Brigitte Macron fait le plus recette. Dans son fief du Touquet, on se frotte les mains d'être associé au couple présidentiel. Car l'avenue Saint-Jean a beau être commerçante, on n'avait jamais vu une telle affluence avant l'élection d'Emmanuel Macron. Eh oui, chacun veut sa photo souvenir devant le numéro 14. « Il paraît que Brigitte continue de venir souvent », nous lancent deux touristes belges, après s'être fait immortaliser par l'un des CRS chargés de protéger la villa Monéjan. « Bon, elle n'a pas l'air d'être là aujourd'hui, mais on aura au moins vu

1. Entretien avec l'auteur, le 28 novembre 2017.

la bicoque. » Ce jour-là comme tant d'autres, ils n'étaient pas seuls à faire le pied de grue devant la jolie maison de ville avec jardin, au cœur du triangle d'or de la cité balnéaire. Depuis l'été, un *tour operator* y emmène même des cars de retraités, le temps de quelques clichés… Le comité d'accueil est donc assuré au cas où les Macron décideraient de débarquer à l'improviste.

Mais le selfie n'est pas l'unique *must have* du Touquet présidentiel. En bas de la maison des Macron, la boutique Cape Cod, locataire de leur ancien garage, surfe sur la notoriété de ses illustres voisins (et propriétaires). Ses produits phares ? Le T-shirt et le sweat floqués d'un « Le Touquet City of President », qui s'arrachent pour 39 et 80 euros respectivement. « On avait eu l'idée d'en éditer quelques pièces début juin, au moment de la Pentecôte. En un week-end, tout est parti[1] », se réjouit la responsable du magasin, Christine Bigot. Brigitte, l'une de leurs bonnes clientes, ne s'est pas fait ce petit plaisir, mais le stock s'écoule sans elle. « Maintenant, on nous appelle même d'Angleterre et de Belgique pour nous en commander ! » Un filon qu'exploite aussi la boutique de souvenirs Autre Chose, dans la même rue. Le maître des

1. Entretien avec l'auteur, le 21 septembre 2017.

lieux, Jean-Marc Monteuuis, ne voit plus ces temps-ci les Macron, qui y avaient leurs habitudes avec leurs petits-enfants. Mais il a su compenser la baisse de chiffre d'affaires… « Mon magasin n'étant pas loin de leur maison, l'élection m'a boosté. Des dessous-de-plat que je vendais déjà ont eu beaucoup de succès car on y voit leur villa. Et j'ai édité des T-shirts "Paris-Élysée – President-House – Le Touquet". Je prévois aussi de lancer des accessoires et des cartes "Le Touquet, ville présidentielle". » Sans oublier ses boules à neige à l'effigie du chef de l'État, qui ont fait un carton. « On n'a jamais eu autant de monde ! Il faut en tirer profit[1]. » Non loin de là, rue de Paris, les propriétaires de la maison de la presse auraient aimé en prendre leur part. Manque de bol : Emmanuel Macron n'a pas voulu venir y dédicacer *Révolution*, comme ils l'avaient demandé à Brigitte. Mais le livre a été mis bien en évidence, sur une table au centre de la boutique.

Une affluence que l'on est ravi de gérer dans tous les endroits qu'ont fréquentés les Macron, du salon de thé le Fiftea's Room aux Mignardises du Touquet, en passant par Petit Bateau, juste à côté de leur maison. Sans oublier bien sûr l'incontournable café des Sports. À l'autre

1. *Ibid.*

bout de la rue Saint-Jean, juste après le Philae Café (un hommage à François Hollande et son labrador ?), l'établissement est une institution locale… Mais il est désormais surtout connu comme le QG du couple. « L'effet Macron ? Cela représente environ 15 % en plus, estime le patron, Gilbert Fauquembergue. Beaucoup de clients demandent leur table, la 10, et commandent des crevettes grises comme ils le font souvent. Mme Macron continue à venir. Elle ne fait aucun cinéma, accepte les selfies… Elle est très populaire ici[1]. » La preuve par l'image quelques instants plus tard : en sortant, nous croisons une passante portant un T-shirt marqué d'un très *trendy* « Manu & Bribri »…

Brigitte parade

La première dame est-elle l'heureuse propriétaire de l'une de ces pièces à son nom ? *A priori*, non… Mais une chose est sûre : si elle l'avait portée en public, nous serions au courant. Car aucun de ses looks n'est laissé sans décryptage, dans la presse féminine mais aussi généraliste, comme sur Instagram. « The Brigitte Style », « Brigitte Macron Fashion », « Brigitte Macron Fan »… Ou encore « Brigitte

1. *Ibid.*

C'est Chic», un compte suivi par Valérie Trierweiler, et dont le but est de détourner chaque photo de l'épouse du président pour en faire la muse de Carine Roitfeld, la directrice artistique de Versace, ou la nouvelle égérie du Crazy Horse... Si Brigitte Macron n'est pas inscrite sur le réseau social, elle y est pourtant bien présente. «Elle mérite qu'on lui dédie entièrement un compte ! justifie Léa Darmau, qui a créé la page "Brigitte Macron France". Les retours sont très positifs. Elle a des fans dans le monde entier, comme je m'en suis rendu compte dans les commentaires[1].» Son allure est aussi vantée par les grands noms de la mode. Karl Lagerfeld lui attribue les «plus belles jambes de Paris», Olivier Rousteing, alias Monsieur Balmain, se dit «très fier» de l'habiller et Alexandre Vauthier loue son «style français». Ne nous manque que l'avis d'Anna Wintour, qui mûrit sans doute ses louanges après leur rencontre à l'Élysée le 3 juillet 2017, lors de la Fashion Week parisienne.

Il faut dire que Brigitte Macron travaille son style. Et ce, depuis toujours. Mais elle est désormais passée dans une autre sphère, notamment grâce à deux conseillers privilégiés. Le premier s'appelle Mathieu Barthelat Colin. Ce discret

1. Entretien avec l'auteur, le 1er août 2017.

styliste a aussi bien vêtu les candidats de *The Voice* qu'Éric et Quentin de « Quotidien »... Et dorénavant Brigitte Macron, depuis qu'elle s'est alloué ses services après l'élection. Une aide « à titre bénévole » selon son cabinet, qui semble voir arriver la controverse de loin. « Il n'est pas quotidiennement à l'Élysée. Elle avait bien essayé d'aller en boutique pour acheter des chaussures, mais tous les curieux prenaient ses pieds en photo[1] ! » Son autre coach ? Elle est relativement bien placée dans le secteur de la mode... Il s'agit de son amie depuis Bercy, Delphine Arnault. Fille de (Bernard Arnault), compagne de (Xavier Niel) mais surtout patronne de (Louis Vuitton). C'est elle qui lui aurait suggéré de faire confiance au directeur artistique de l'enseigne, Nicolas Ghesquière. Aussitôt dit, aussitôt fait : après avoir porté quelques-unes de ses créations, Brigitte allait déclarer sa flamme au designer, au terme de son défilé du 9 mars 2016. Lui glissant au passage qu'elle était déjà cliente lorsqu'il œuvrait chez Balenciaga. « Elle est sympathique, drôle, intelligente, accessible et sensible[2] », s'extasie-t-il, ravi d'avoir pu la looker pendant toute la campagne. Il lui a même dessiné spécialement

1. Cité dans un article de *Grazia*, « Le coup d'éclat permanent », paru le 14 juillet 2017.
2. Dans une interview au *Journal du dimanche*, parue le 14 mai 2017.

une tenue pour la passation de pouvoir. Des vêtements qu'elle achète ou rend, s'empresse-t-on encore de préciser dans son entourage... Cela n'empêchera pas les critiques de se déchaîner le 14 mai 2017. En cause, son sac du jour, un Capucines de la griffe monogrammée, à 3 950 euros. Serait-il plus dangereux d'être en marque qu'En Marche ! ? Les polémiques sur son style l'ont parfois prouvé. Brigitte Macron rétorque vouloir se faire l'ambassadrice de la couture française, et se dit « protégée » par ses tenues de créateurs... Mais elle se trouve désormais dans l'œil du cyclone.

Discours à rallonge sur ses jupes courtes, indignation de la voir accueillir Arnold Schwarzenegger en jean sur le perron de l'Élysée... Les commentaires se sont multipliés. Le 22 septembre, une pétition était carrément initiée par Thierry Paul Valette, qui avait déjà mené l'offensive contre le statut de la première dame ! Son objet ? Dénoncer ses « tenues inappropriées ». Le texte sera ensuite retiré du site mesopinions.com, non sans avoir suscité une contre-pétition, plaidant pour l'arrêt du « lynchage, intimidation et harcèlement contre Brigitte Macron ». Un grand et beau débat national qui n'a en tout cas pas semblé faire varier la principale intéressée – lorsqu'une Melania Trump ou une Carla Bruni ont assagi leur look en accédant au pouvoir. « Un jour que je portais justement une jupe longue, ma grand-mère m'a dit : "Oh bah dis donc, on dirait une grand-mère à poussière." Terminé[1] ! », prévient-elle simplement.

Rester jeune est de toute façon important pour Brigitte Macron. Son heure de gym quotidienne – à l'aube, et quel qu'ait été son planning de la veille – et ses longues séances de marche dans les jardins élyséens ou sur les quais de Seine le prouvent bien. Tout comme le régime auquel elle s'astreint, elle qui a demandé à Guillaume Gomez, le chef du palais, de lui servir dix fruits et légumes par jour. Pour le reste, ses menus sont diététiques, privilégiant le poisson à la viande. Les pâtés en croûte que Guillaume Gomez montre régulièrement sur Instagram, assortis du hashtag #Pourlamourdugrasetdugluten ? Elle y goûte sans doute peu, comme le démontrent ses 45 kilos environ pour 1,65 m. « Elle lutte[2] », lâche son amie Bettina Rheims. « Vous le paierez ! », lance-t-elle d'ailleurs aux collaborateurs qu'elle voit grignoter entre deux réunions. Tous ne s'imposent pas sa discipline : avoir un mari de vingt-quatre ans son cadet doit motiver à se maintenir en forme.

1. Dans « Appelez-moi Brigitte », *Elle*, art. cit.
2. Dans « Le destin de Bibi », *Le Point*, art. cit.

Une différence d'âge que leurs amis assurent imperceptible. « Elle est la vraie moderne des deux[1] ! », s'amuse Philippe Besson. Celle qui parle franglais quand son mari donne du « croquignolesque » et du « perlimpinpin ». Celle qui découvre Vianney pendant que lui chantonne du Charles Aznavour ou du Joe Dassin. « Radio Nostalgie, c'est même trop moderne pour lui[2] ! », s'esclaffe-t-elle. Ce n'est pas un hasard s'il a toujours aimé la compagnie de personnes plus âgées, de sa grand-mère dans l'enfance à ses amis Michel Rocard ou Henry Hermand. Une inversion dont elle plaisante en privé, comme nous l'explique Sophie de Menthon[3]. En juillet 2017, cette chef d'entreprise a écrit un texte dans *Valeurs actuelles*, « Merci Brigitte », pour la féliciter d'avoir fait basculer un tabou, et autorisé les femmes à choisir à leur tour des compagnons plus jeunes. Toutes deux se sont croisées à deux reprises mais l'éditorialiste ne s'attend pas au coup de fil qu'elle va recevoir de la première dame, amusée par l'article. « Dans la conversation, elle m'a dit : "Vous savez, c'est dingue : les gens s'imaginent que, le matin, je me lève une demi-heure avant lui pour me faire un brushing et me maquiller. Alors que je suis telle

1. Entretien avec l'auteur, le 11 septembre 2017.
2. Alix Bouilhaguet, *op. cit.*
3. Entretien avec l'auteur, le 4 octobre 2017.

que je suis" », se remémore Sophie de Menthon. Elle lui confiera aussi se sentir plus jeune que son mari. « C'est drôle, Emmanuel me glisse tous les deux jours : "Oh là là, ce matin, j'ai l'impression d'être ton père !". »

Est-ce pour conjurer une angoisse face au temps qui passe ? Brigitte Macron plaisante souvent sur sa vie de couple et sur son mari. Elle déclarait en souriant aux caméras de « Quotidien » n'avoir pas « encore trouvé un domaine dans lequel il n'est pas bon »... Et lançait devant celles du « Supplément » : « Montaigne a dit : "Il faut toujours limer sa cervelle à celle d'autrui." Donc nous limons abondamment ! » Le 28 novembre 2017, le Press Club de France lui décernait d'ailleurs le prix du jury de l'humour politique pour avoir dit que l'unique défaut de son époux était d'être plus jeune qu'elle. Un second degré qu'elle conçoit sans doute comme une arme. « Première dame est une position qui attire les commentaires, il ne faut pas s'en inquiéter[1] », lui avait aussi conseillé Carla Bruni lors de leur dîner à l'Élysée. Et pour redoubler de philosophie, Brigitte Macron peut toujours penser à l'atout qu'a représenté son âge d'un point de vue électoral. « Sa présence a parlé aux

1. Comme confié dans une interview à *Version Femina*, parue le 9 octobre 2017.

seniors, qui ont voté en masse pour Emmanuel Macron, estime Philippe Moreau Chevrolet. En racontant leur histoire, tous deux ont su faire de cette différence d'âge une qualité, alors qu'elle aurait pu être un fardeau. Et Brigitte Macron a su incarner une manière de vieillir qui donne envie de s'identifier, au travers de la couverture de *Paris Match* où on la voyait en maillot par exemple[1]. » De quoi en faire une figure féministe pour certains, comme le note Pascal Bruckner : « Elle a cassé un code et interverti le préjugé de l'homme âgé avec une femme plus jeune. Cela a touché une frange de la population parfois mise de côté[2]. » Elle a pu le mesurer en entendant des femmes lui crier lors de meetings : « Vous nous vengez, Brigitte ! » Ou en découvrant qu'elle a inspiré à l'Angleterre un nouvel acronyme. Au placard, les MILF (« Mothers I'd Like to Fuck ») ! Mi-août, le *Telegraph* tirait du cas élyséen les WHIPs, « femmes sexy et intelligentes dans la fleur de l'âge » (« Women who are Hot and Intelligent and in their Prime », en VO). « Je pense qu'elle est perçue comme très empathique, et assez simple d'accès », ajoute la directrice de *Closer*, Laurence Pieau. « On a le sentiment qu'elle est l'élément tempérant du couple Macron. La différence d'âge

1. Entretien avec l'auteur, le 4 octobre 2017.
2. Entretien avec l'auteur, le 15 décembre 2017.

penche d'ailleurs dans ce sens-là. Et puis elle a très vite embrassé la fonction et semble s'en satisfaire. Elle n'y va pas à reculons. Après les premières dames un peu compliquées que l'on vient de connaître, je crois que cela fait du bien[1]. »

Reste à savoir si le « phénomène Brigitte Macron » est parti pour durer. Oui, répond sans hésitation Nathalie Rozborski, directrice générale de l'agence de tendances NellyRodi. « Elle est pour moi la chef de file d'un mouvement plus profond. On a longtemps confondu modernité avec jeunesse mais sa popularité fait bouger les lignes. Et les Macron forment un binôme très ancré dans l'air du temps à la fois par leur pragmatisme, par la singularité de leur couple et par la transparence qu'ils ont mise dans le récit de leur histoire[2]. » Une forme de « réalité augmentée », comme nous l'explique la spécialiste. « C'est un véritable power-couple : ils sont très liés d'un point de vue intellectuel et leur influence l'un sur l'autre est indiscutable. » Brigitte Macron s'impose donc comme une première dame transgressive par son histoire, « et en même temps » rassurante par son âge. Intello dans ses lectures, « et en même temps »

1. Entretien avec l'auteur, le 13 décembre 2017.
2. Entretien avec l'auteur, le 28 septembre 2017.

hautement terre à terre selon ses proches. Toujours souriante en public, « et en même temps » très cash en privé. C'est sûr, ces deux-là se sont bien trouvés…

Conclusion

Ce 13 novembre 2017, elle n'a pu retenir ses larmes. La France commémore les attentats de Paris et, devant le Bataclan, Emmanuel Macron rencontre des familles de victimes. Saluant à sa suite, Brigitte est submergée par l'émotion. Le masque grâce auquel elle éludait ses propres drames dans l'enfance est parfois difficile à maintenir. Et celle qui confie avoir découvert la souffrance des autres pendant la campagne continue d'en prendre la mesure. Elle admet d'ailleurs se sentir impuissante face à des douleurs de cette ampleur, et peu préparée à y répondre.

Pourtant, elle ne cesse de le dire : elle désire préserver ce lien avec les Français. Elle en sera même la garante, atout d'un chef de l'État souvent perçu comme froid. Il peut compter sur elle pour l'épauler, et être constamment à ses côtés. D'ailleurs, personne ne s'y trompe.

Lorsque le musée Grévin entame la fabrication de la statue du président, Brigitte Macron est sollicitée pour y faire son entrée avec lui. Ce serait une première pour une *First Lady*. « Nous souhaitons les avoir ensemble car ils forment un couple très fort, lié par une jolie histoire[1] », nous explique la directrice des relations publiques, Véronique Berecz. Stéphane Bern, président de l'académie Grévin, est bien de cet avis… En cire comme en marche, sa place est donc à la droite du président. Elle semble vouloir y dessiner un rôle inédit.

Sa popularité devait l'y autoriser mécaniquement, mais cela paraît plus compliqué que prévu. Le refus d'une large partie de l'opinion de lui accorder un vrai statut l'a bien prouvé. Les critiques dont elle reste la cible le démontrent aussi. Elle est ainsi en première ligne à chaque débat de société. Ils ont été intenses en ce début de quinquennat et les attaques envers Brigitte Macron le furent tout autant. Lorsque, le 25 novembre 2017, le président a indiqué vouloir établir l'âge du consentement sexuel, et le fixer à quinze ans, les réactions se sont focalisées sur son épouse. Sur les réseaux sociaux, beaucoup, raillant cette annonce, accusaient l'ex-prof de détournement de mineur. Voilà

1. Entretien avec l'auteur, le 11 décembre 2017.

un refrain qu'elle connaît, et qu'elle parvient désormais à ignorer, d'après son entourage.

« Les milliers de courriers reçus, les témoignages de sympathie dans la rue la touchent plus que cela... », assure-t-on au sein de son cabinet. Pour limiter les controverses, elle a de toute façon réduit sa communication au minimum. « Elle ne peut pas être muselée ! », clamaient pourtant ses proches. Mais sa priorité est de ne pas gêner cette présidence qu'elle a, elle aussi, arrachée. « Elle a tout intérêt à rester très silencieuse et à se montrer discrète, analyse le sociologue des médias Jamil Dakhlia. Des interventions fréquentes, avec un tour trop politique, poseraient la question de sa légitimité[1]. » Ses prises de parole sont donc rares. En outre, ses équipes cantonnent officiellement son rôle à des missions de « recherche », à une sorte d'audit de la société française pour le compte de l'Élysée.

L'ampleur plus large de son pouvoir ne fait toutefois guère de doute, du moins dans divers sondages. Le 12 novembre, elle obtenait par exemple la deuxième place du classement des Françaises les plus influentes, réalisé par *Le Journal du dimanche*. Seule la directrice du FMI,

1. Entretien avec l'auteur, le 28 novembre 2017.

Christine Lagarde, l'y devançait. Dix jours plus tard, c'est *Vanity Fair* qui la propulsait parmi les Français les plus influents du monde – à la troisième marche du podium après Xavier Niel et Zinedine Zidane. « Le couple qu'elle forme avec Emmanuel Macron et son allure fascinent les médias étrangers », jugeait le mensuel. Rue du Faubourg-Saint-Honoré, son empire est autrement plus concret. La jalousie de certains conseillers en atteste. « Ils ont de la chance, tous ces hommes, qu'elle ne veuille pas entrer en politique, je vous le dis ! », nous avait lancé l'un de ses amis. Elle en fait pourtant déjà, à sa façon : souriante, empathique, mais redoutablement décidée.

Table

Remerciements

À tous ceux qui ont accepté de me parler de Brigitte Macron. Mille mercis pour vos anecdotes et précieux éclairages :

Abdel Aïssou, Jean-Louis Beaucarnot, Véronique Berecz, Juliette Bernard, Philippe Besson (pour *Closer*), Arnaud de Bretagne, Jeannine Briard, Pascal Bruckner, Olivia Cattan, Jamil Dakhlia, Léa Darmau, Sarah Da Silva Gomes, Bertrand Delais, Sébastien Deletoille, Delphine Delord, Jean-Baptiste Deshayes, Ahmed Eddarraz, Cédric Étévé, Gilbert Fauquembergue, Maryse Gérard, Natacha Harry, Bruno Jeudy, Antoine Joannes, Amandine Lalizou, Béatrice Leroux, Mathieu Magnaudeix, Sophie de Menthon, Jean-Marc Monteuuis, Philippe Moreau Chevrolet, Adrien Naselli, Claire Pasquier, Laurence Pieau, Ellie Pithers, Nathalie Rozborski, François Ruffin (pour *Closer*), Michèle Sabban, Adam Sage, Marlène Schiappa (pour *Closer*), Robert Schneider,

Mickaël Thomas, Patrick Toulmet, Simone Uhl, Christine Ulivucci, Thierry Paul Valette, Justin Vogel, Jean-Paul Voltz. Sans oublier tous ceux qui ont préféré rester anonymes.

Un immense merci à Michel Taubmann, pour son soutien constant et ses si nombreux bons conseils, ainsi qu'à Pauline Lépinay, pour son écoute patiente, et l'équipe des Éditions de l'Archipel.

À la rédaction de *Closer*, pour les encouragements quotidiens, revues de presse, coaching sur post-it et autres déchiffrages d'articles en allemand.

À mes deux correcteurs marseillais, pour leur relecture aussi obsessionnelle qu'appréciée.

Cet ouvrage a été composé
par Atlant'Communication au Bernard (Vendée)

Impression réalisée par
CPI France
en septembre 2018
pour le compte des Éditions Archipoche

Imprimé en France
N° d'édition : 533
N° d'impression : 3030166
Dépôt légal : octobre 2018